ÉTABLISSEMENTS GENESTE, HERSCHER & CIE

APPLICATIONS DU GÉNIE SANITAIRE

VENTILATION — CHAUFFAGE

ASSAINISSEMENT — DÉSINFECTION

MATÉRIEL D'ASSAINISSEMENT

(Appareils brevetés S. G. D. G.)

(AVEC 129 FIGURES DANS LE TEXTE)

Première édition.

GENESTE, HERSCHER & CIE

INGÉNIEURS-CONSTRUCTEURS

Maison principale à Paris, 42, rue du Chemin-Vert.

USINE À CREIL — SUCCURSALE À BRUXELLES

PARIS

SOCIÉTÉ D'IMPRIMERIE ET LIBRAIRIE ADMINISTRATIVES ET CLASSIQUES

PAUL DUPONT

4 — RUE DU BOULOI — 4

1889

ÉTABLISSEMENTS GENESTE, HERSCHER & CIE

APPLICATIONS DU GÉNIE SANITAIRE

VENTILATION — CHAUFFAGE

ASSAINISSEMENT — DÉSINFECTION

MATÉRIEL D'ASSAINISSEMENT

(Appareils brevetés S. G. D. G.)

(AVEC 129 FIGURES DANS LE TEXTE)

Première édition.

GENESTE, HERSCHER & CIE

INGÉNIEURS-CONSTRUCTEURS

Maison principale à Paris, 42, rue du Chemin-Vert.

USINE A CREIL. — SUCCURSALE A BRUXELLES

PARIS

SOCIÉTÉ D'IMPRIMERIE ET LIBRAIRIE ADMINISTRATIVES ET CLASSIQUES

PAUL DUPONT

4 — RUE DU BOULOI — 4

1889

INTRODUCTION

Les questions d'assainissement des habitations et des villes ont pris, depuis plusieurs années, une importance de plus en plus grande dans les préoccupations publiques. Ainsi que l'a proclamé récemment l'éminent président du Comité consultatif d'hygiène publique de France, M. le professeur Brouardel, l'assainissement de la France est une œuvre d'intérêt national, pour laquelle il y a lieu de faire appel à toutes les bonnes volontés.

La nature de nos études a conduit la plupart de nos administrations publiques, ainsi qu'un grand nombre d'hommes de l'art et de particuliers, à nous demander de joindre, à l'industrie que nous avions jusqu'ici cherché à développer, celle du matériel de l'assainissement. Nous avons été ainsi amenés à nous occuper successivement des diverses applications du génie sanitaire, en rapport avec notre compétence spéciale : chauffage, aération directe, ventilation mécanique, assainissement des villes et des habitations, désinfection dans les lazarets, les établissements hospitaliers, les stations publiques de désinfection et à domicile.

L'Exposition internationale d'hygiène et d'éducation, tenue à Londres en 1884 et à laquelle notre maison a obtenu les premières récompenses, l'Exposition nationale d'hygiène de Berlin en 1883 et l'Exposition d'hygiène de Genève, en 1882, nous ont permis d'étudier les installations sanitaires les plus recommandées à l'étranger et d'en faire notre profit dans la mesure appropriée aux besoins de notre pays. C'est ainsi que nous avons pu présenter à l'importante Exposition d'hygiène urbaine de la caserne Lobau en 1887, puis plus tard aux Expositions du Havre et de Rouen, tout un ensemble d'appareils qui nous a valu les plus précieux encouragements. Depuis cette époque, nous n'avons cessé de développer et d'améliorer ce matériel. Il comprend aujourd'hui presque tous les appareils de salubrité nécessaires à l'assainissement de l'habitation et de la ville, tout au moins les plus indispensables.

Deux caractères principaux distinguent notre matériel : le premier, c'est qu'il répond absolument aux indications formulées par les hygiénistes les plus autorisés, dont nous nous bornons à suivre docilement les avis et à réaliser industriellement et pratiquement les idées; le second, c'est qu'il représente une nouvelle conquête de l'industrie française, dans un ordre d'idées où elle est assurément appelée à rendre au pays les plus signalés services.

Le matériel d'assainissement que nous décrirons dans les pages qui vont suivre comprend :

1° Pour ce qui concerne l'assainissement de l'habitation, des appareils particuliers aux maisons privées et d'autres pour les logements collectifs. Parmi les premiers, sont : les cuvettes en grès vernissé ou en porcelaine avec leurs siphons, les bouchons de visite, les hausses de ventilation, les joints et rondelles en caoutchouc, les coudes en plomb; les dessus de siège en bois ou en ébonitoïde, les butées en caoutchouc; les boîtes de ventilation, les réservoirs de chasse à tirage avec leurs accessoires; les siphons en plomb, en ébonitoïde, en fonte; les siphons pour éviers ou pour baignoires, siphons de cour, les siphons de pied, les boîtes à graisse; urinoirs pour appartements, appareils de chasse automatiques.

Les appareils destinés aux logements collectifs sont : des cuvettes en grès vernissé, des dessus de sièges en grès vernissé, en verre, en ébonitoïde, des rigoles, caniveaux et terrassons, des revêtements spéciaux pour cabinets et urinoirs; des appareils de chasses à tirage par le mouvement des portes ou des pédales, des appareils de chasses automatiques, des siphons en plomb et en fonte, des urinoirs, des vidoirs, des éviers, etc.

2° Quant à ce qui concerne plus particulièrement l'assainissement des villes, notre matériel se compose aujourd'hui des appareils suivants : réservoirs de chasse automatiques pour le lavage des égouts; vannes à main pour le lavage facultatif des égouts; trappes de regards; siphons dilueurs; urinoirs publics; vannes de distribution pour l'irrigation à l'aide des eaux d'égout.

Nous soumettons avec confiance l'examen de ce matériel à toutes les personnes compétentes et à tous ceux qui y ont intérêt. Nous nous estimons heureux et fiers des multiples applications qui en ont déjà été faites et des encouragements, ainsi que des suffrages élogieux, qu'il nous a valus, suffrages et encouragements parmi lesquels nous tenons à rappeler tout particulièrement celui que le regretté maître de l'assainissement en France, M. Alfred Durand-Claye, nous adressait à la date du 15 juin 1887. (*Voir page* 69).

Il nous sera peut-être permis d'ajouter que notre maison est jusqu'ici la seule en Europe qui comprenne dans son industrie toutes les applications du génie sanitaire et dont les appareils puissent ainsi satisfaire à toutes les nécessités de l'hygiène et de la salubrité.

I

ASSAINISSEMENT DE L'HABITATION

§ 1er. — Habitations privées

L'une des conditions les plus importantes de l'assainissement de l'habitation, sinon la principale, consiste dans l'évacuation prompte et immédiate de toutes les matières usées par la vie journalière, c'est-à-dire de tout ce qui peut être cause de putréfaction et de fermentation dans la maison même. Or, ces matières sont surtout produites dans les cabinets d'aisances, les cuisines, les cabinets de toilette et ce sont ces parties de la maison qu'il convient d'aménager avec un soin particulier.

Ainsi que l'enseignait M. Durand-Claye, dans la maison les principes sont simples : « dès qu'une matière usée est produite, il faut l'expulser sans la laisser séjourner dans l'habitation. » De là la nécessité d'avoir des appareils spécialement disposés à cet effet ; de plus, il faut à chaque orifice d'évacuation l'eau en quantité suffisante, puis un appareil d'occlusion simple et efficace tel que le siphon hydraulique, c'est-à-dire l'inflexion suffisamment accusée du tuyau d'évacuation.

a. — Cuvette et siphon pour cabinets d'aisances des habitations privées. — Nous avons étudié un type de cuvette en grès que nous avons fait exécuter par les meilleures fabriques de France. Cet appareil (*fig.* 1 et 2) est établi en grès vernissé ou en porcelaine, ainsi que le siphon qui se raccorde avec le tuyau de chute.

Sa hauteur moyenne est de 42 centimètres. Sa forme est ovale, le plan supérieur est assez large pour recevoir les butées en caoutchouc fixées sous le siège. Une fente circulaire ménagée dans le bourrelet supérieur permet à l'eau de s'écouler en suivant les parois. Le joint de réunion entre la cuvette et le siphon est très grand, de manière à empêcher les fuites et à donner plus de solidité à l'ensemble de l'appareil. Pour combattre les obstructions, nous avons eu le soin de donner au bas de la cuvette un diamètre moindre que celui de la branche ascendante du siphon. Le siphon lui-même est construit de manière à offrir le moins de résistance possible à l'écoulement ; sa garde d'eau est de cinq centimètres, il est muni d'une tubulure de visite avec hausse disposée pour pouvoir servir également à la ventilation (*fig.* 3).

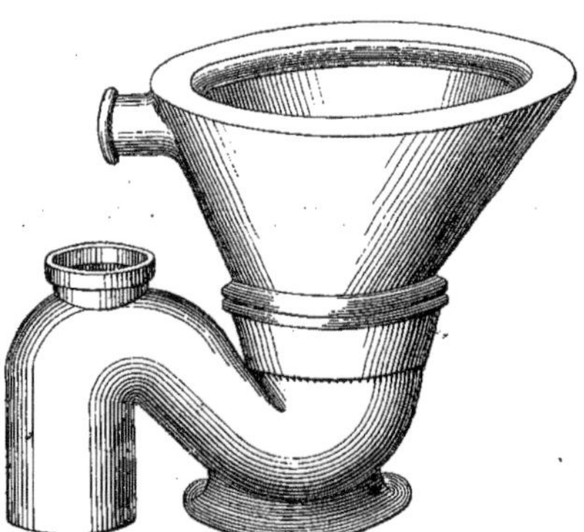

Fig. 1. — Cuvette et siphon en grès émaillé et en porcelaine.

Cette hausse est ordinairement en fonte; nous en construisons également en fonte émaillée. Elle se scelle dans la tubulure ménagée sur le siphon, et porte à sa partie supérieure, dans une petite feuillure, un bouchon posé sur une rondelle en caoutchouc; ce

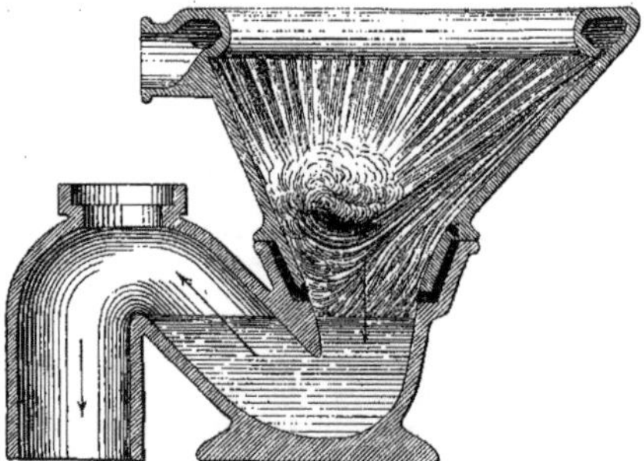

Fig. 2. — Coupe d'une cuvette et de son siphon.

bouchon peut être appuyé sur la rondelle par un étrier et une vis en métal (*fig.* 4). On peut se contenter, dans la plupart des cas, de poser le tampon en fonte sur une couche de mastic.

Le raccordement de la cuvette avec le tuyau de chasse se fait au moyen d'un cône en caoutchouc (*fig.* 5). La grande ouverture de ce cône s'emmanche sur la tubulure de la cuvette; on le fixe au moyen d'une ligature en fil de fer. Dans la petite ouverture pénètre l'extrémité du tuyau de chasse sur lequel le cône est également fixé par une ligature en fil de fer.

Nous recommandons l'usage de nos coudes en plomb (*fig.* 6). Ces appareils remplacent les coudes faits à la main par les ouvriers plombiers, leur forme est régulière, la

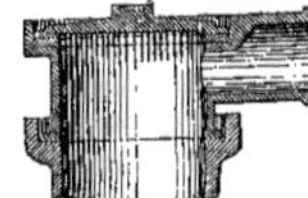

Fig. 3. — Hausse de ventilation avec regard de visite.

section en est constante. Les poches d'eau, toujours nuisibles au bon fonctionnement des appareils sont aussi évitées. La figure 7 montre une disposition d'ensemble d'une cuvette réunie au tuyau de chasse au moyen d'un cône et d'un coude G. H.

b. — Dessus de siège pour cabinets d'aisances des habitations privées. — Les dessus de sièges pour habitations privées sont de plusieurs modèles, ils peuvent être

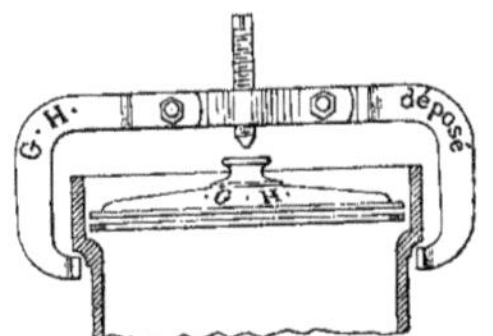

Fig. 4. — Étrier pour bouchon de visite.

établis en différentes matières. Ceux que nous recommandons le plus, sont en ébonitoïde (l'ébonitoïde est un composé de caoutchouc, plombagine, soufre et brai, cuits et comprimés; ce produit est imperméable, inattaquable aux acides, facile à travailler; son prix est peu élevé. On l'obtient de différentes couleurs par l'addition de matières minérales

Fig. 5. — Cône en caoutchouc pour raccordement du tuyau de chasse avec la cuvette.

qui ne modifient pas ses qualités essentielles). Les dessus de siège en ébonitoïde ont la forme d'une couronne elliptique qui se fixe sur le bourrelet supérieur de la cuvette, soit au moyen de ciment, soit au moyen d'un mastic à base de caoutchouc (*fig.* 8 et 9); ces rondelles sont ordinairement noires, elles peuvent être faites, en blanc, en rouge, en brun acajou, en gris, etc.,

Nos collections comportent en outre des dessus de siège en bois de différentes grandeurs (*fig.* 10, 11, 12 et 13). Ces dessus de siège sont tous munis de très fortes charnières permettant de les relever et de se servir de la cuvette en guise de vidoir pour les eaux de toilette ou d'urinoir, sans crainte de souiller le dessus du siège; tous les abords de l'appareil sont ainsi visibles; il ne peut s'y former aucun dépôt de poussière. La partie mobile du siège peut être maintenue relevée, soit par l'intermédiaire d'un ressort, soit à l'aide d'un contrepoids. Par ce moyen, dès que la personne quitte le siège, il se relève

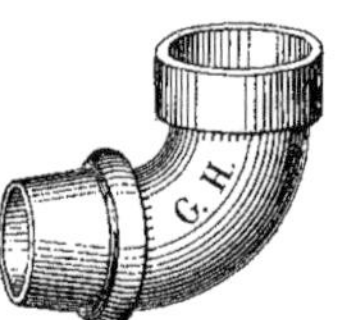

Fig. 6. — Coude en plomb pour jonction entre le tuyau de chasse et la cuvette.

de lui-même. Ces sièges se font ordinairement en chêne ciré ou en acajou verni; nous en construisons également en pitchpin et en hêtre. Le dessous des sièges abattants est toujours muni de boutons en caoutchouc (*fig.* 14) qui servent à amortir les chocs dans les cas, assez fréquent, où le dessus de siège tombe sur la cuvette. Ils servent aussi à répartir uniformément la charge sur plusieurs points de la couronne.

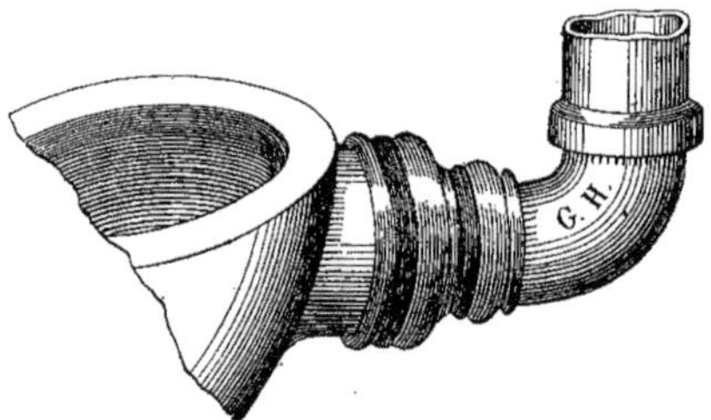

Fig. 7. — Assemblage d'une cuvette avec le tuyau d'un réservoir de chasse au moyen d'un cône en caoutchouc G. H.

c. Réservoir de chasse a tirage pour cabinets d'aisances des habitations privées.

Les réservoirs de chasse à tirage sont surtout utilisés pour le lavage des cuvettes de cabinets d'aisances, des lavabos, des vidoirs, des appareils et des canalisations susceptibles d'être souillées par des eaux ménagères ou autres liquides usés.

Ils doivent produire le maximum d'effet utile en dépensant le minimum d'eau ; ils doivent, par suite, satisfaire à des conditions multiples, nécessaires pour assurer leur bon fonctionnement.

Notre réservoir de chasse à tirage a été étudié de manière à s'amorcer facilement et facultativement par tirage à la main ou par l'action d'un mécanisme quelconque, entre autres, d'une serrure ou d'un arrêt à ressort placé à la porte du cabinet d'aisances, d'une pédale, etc.

Le bon fonctionnement d'un appareil de chasse doit être assuré dans tous les cas possibles, quelles que soient les causes anormales qui peuvent se produire ; telles que, par exemple : la pression de l'eau dans les conduites d'alimentation. Cette pression doit pouvoir varier dans des limites très étendues sans nuire à la régularité du remplissage du réservoir.

La mauvaise installation des tuyaux de chasse, le profil défectueux des courbes, les coudes brusques ou nombreux, l'existence de poches d'eau, etc., etc., aucun de ces

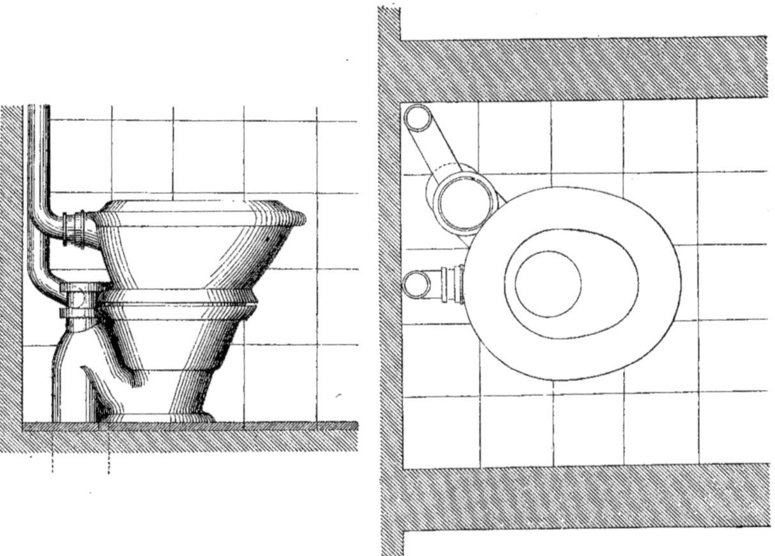

Fig 8 et 9. — Cabinet d'aisances pour habitation privée avec cuvette garnie d'une rondelle en ébonitoïde.

défauts, qui se rencontrent dans la pratique, ne doit empêcher l'appareil de fonctionner.

L'appareil à tirage du type AV (*fig.* 15) se construit de plusieurs dimensions.

Pour les cabinets d'aisances, le numéro normal et même réglementaire est celui qui donne une chasse de 10 litres. L'appareil AV de 10 litres est donc le modèle courant à employer ; il est fourni avec réservoir spécial en fonte.

L'appareil AV de 15 litres comporte aussi un réservoir particulier en fonte ; certaines grandes cuvettes exceptionnelles réclament seulement cette importance de chasse, laquelle est d'ailleurs quelquefois utilisée aussi pour desservir simultanément une cuvette de siège et un petit écoulement annexe.

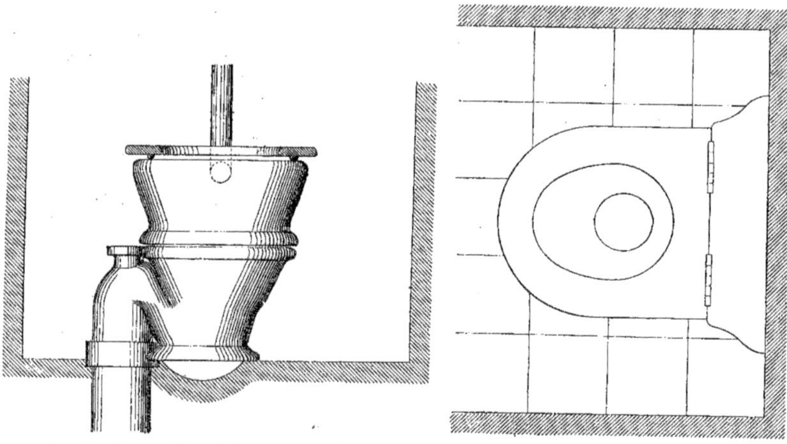

Fig. 10 et 11. — Cabinet d'aisances pour habitation privée avec dessus de siège en chêne verni ou ciré.

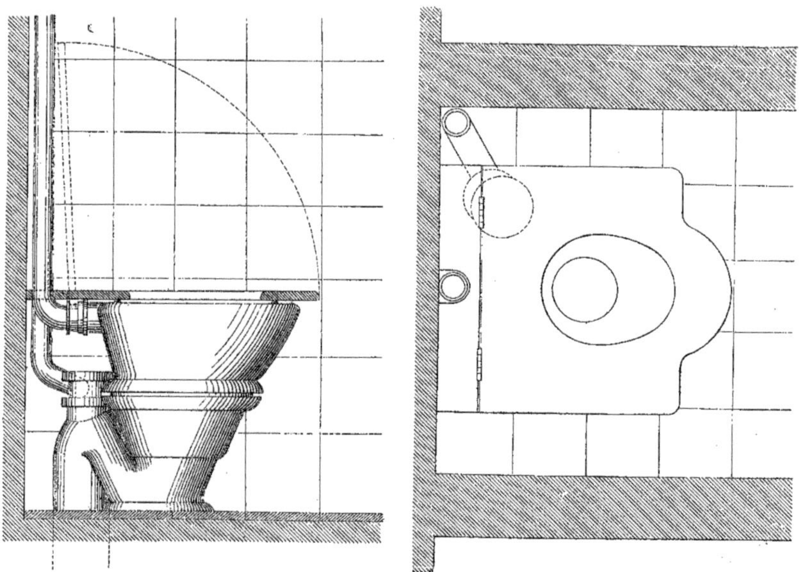

Fig. 12 et 13. — Cabinet d'aisances pour habitation privée avec dessus de siège en acajou verni.

L'emploi des appareils AV de 8 litres est assez courant ; un modèle de cette grandeur a été établi spécialement et comporte également un réservoir en fonte. De même encore pour les appareils de 6 litres ; l'usage de ces derniers répond à des besoins moins fréquents.

La désignation des appareils s'applique au débit des chasses et non à la capacité des réservoirs, laquelle est notablement supérieure.

Les éléments de l'appareil de 15 litres sont disposés de manière à être adaptés au besoin à des réservoirs pouvant fournir des chasses supérieures à 15 litres.

Fig. 14. — Champignon en caoutchouc pour dessus de siège en bois.

Les appareils courants sont livrés avec tirage à gauche en regardant le réservoir ; nous construisons également des appareils avec tirage à droite.

La traction la plus faible suffit pour faire fonctionner l'appareil AV ; l'amorçage se produit par entraînement concentrique et instantané. La disposition générale est si favorable et si sûre que tous les systèmes de traction sont applicables à cet appareil : par

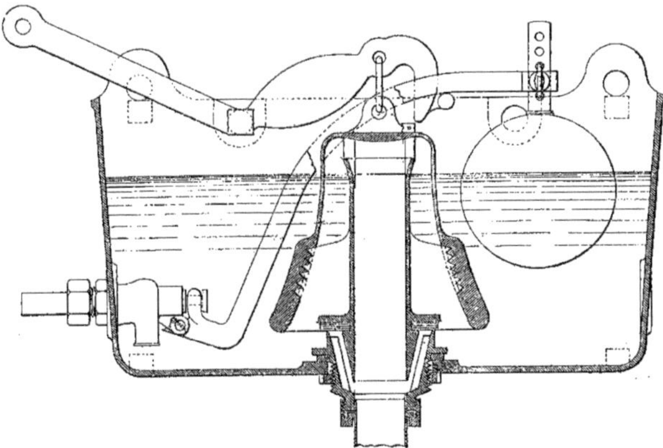

Fig. 15. — Appareil de chasse à tirage pour cabinet d'aisances (type AV), système breveté Geneste et Herscher.

tirage direct ou indirect, par pédale, par l'ouverture des portes et par tous les renvois quelconques.

Le remplissage de l'appareil se fait sans bruit.

Le siphon de l'appareil AV constituant en lui-même le meilleur des trop-pleins, aucune tubulure additionnelle ayant cet objet n'est utile. Le bouton barostatique suffit, d'autre part, pour garantir l'appareil AV contre toute chance de dérangement produisant des pertes par écoulement continu en déversoir. Cette défectuosité est évitée, même lorsque le tuyau de chasse présente des contre-pentes ou des inflexions siphoïdes. (Ce fait se rencontre fréquemment dans la pratique courante ; l'appareil AV est le seul qui n'en soit jamais dérangé.)

Le flotteur, son robinet et son bras de levier sont disposés de manière que le niveau dans le réservoir de chasse change peu sous l'influence des variations ordinaires de pression. Cependant, la tige graduée du flotteur permet de régler à volonté et exactement le débit de chasse. Ce réglage, d'ailleurs des plus simples, peut être surtout utile en cas de pression dépassant les limites usuelles.

Quoique les organes composant l'appareil AV soient simples et résistants, il est bon cependant d'éviter que des corps étrangers ne pénètrent dans le réservoir, et nous conseillons de prendre et de poser l'appareil muni de son couvercle.

Pour l'appareil courant de 10 litres, il suffit et il convient de donner 35 millimètres de diamètre intérieur au tuyau raccordant le réservoir de chasse avec la cuvette de siège, lorsque ledit tuyau ne présente aucun autre coude que celui de jonction directe avec la cuvette, et que la hauteur entre le dessus du siège et le dessous du réservoir est d'au moins $1^{m},80$. Si les dispositions sont moins favorables, le diamètre du tuyau de chasse doit être porté à 40 millimètres. Pour l'appareil de 8 litres, il faut donner au tuyau de chasse le même diamètre que pour 10 litres. Pour les appareils de 6 litres, diminuer le diamètre de 5 millimètres. Pour les appareils de 15 litres, augmenter, au contraire, de 5 millimètres.

Description de l'appareil de chasse à tirage, fonctionnant facultativement par traction à la main ou par l'ouverture d'une porte.

L'appareil se compose d'un réservoir dans lequel l'eau arrive jusqu'à une certaine hauteur réglée par un robinet à flotteur ; un siphon à cloche est suspendu dans ce réservoir, à l'extrémité d'un levier coudé dont l'axe d'oscillation traverse les deux parois du réservoir.

La mobilité du siphon à cloche permet, à un moment donné, de créer à sa base un écoulement concentrique qui produit l'amorçage dudit siphon par l'entraînement de l'air emprisonné sous la cloche. Le tube central est interrompu à la hauteur du fond du réservoir et se termine, à cet endroit, par une partie tronconique qui s'engage dans un guide ayant également une forme tronconique et un diamètre plus grand que la partie inférieure du tube central.

Ce guide, raccordé au tuyau de chasse, constitue la partie inférieure de la grande branche du siphon.

L'étanchéité entre le guide et le siphon est assurée par une rondelle en caoutchouc fixée dans une gorge ménagée dans le bas du tube central, laquelle rondelle repose sur le haut du guide qui forme siège.

Le siphon à cloche est disposé de façon à permettre à l'eau de s'écouler aussi rapidement que possible, en évitant les remous, les changements brusques de direction ou de diamètre. Dans ce but, la partie inférieure de la cloche est largement évasée et munie d'un bourrelet permettant aux veines liquides d'arriver facilement dans l'espace annulaire compris entre la cloche et le tube central ; l'extrémité supérieure dudit tube central, qui est également évasée, permet à l'eau d'entrer facilement dans la grande branche du siphon. Le fond de la cloche présente des courbes qui réduisent les remous à leur minimum.

Le bourrelet inférieur de la cloche et la surépaisseur du tube central concourent, en abaissant le centre de gravité, à la stabilité du siphon.

La partie cylindro-conique formant siège, présente une forme spéciale assurant la réunion des lames concentriques liquides pour rendre l'amorçage plus rapide et plus sûr.

La réunion du siphon à cloche et du levier coudé se fait au moyen d'un anneau qui laisse toute liberté à la partie supérieure de la cloche, et permet à la rondelle en caoutchouc de s'appliquer, dans toutes les positions, exactement sur son siège.

Le levier coudé présente, du côté de la cloche, un renflement destiné à faire équilibre au poids de la chaîne de tirage et un doigt destiné à fermer le robinet d'alimentation quand la cloche est soulevée. Ce dernier organe empêche le gaspillage de l'eau soit par maladresse, soit par malveillance.

Le robinet à flotteur est étudié de façon que son fonctionnement soit assuré pour toutes les pressions depuis les plus fortes jusqu'aux plus faibles.

Pour empêcher le bruit de la chute de l'eau, ce robinet est placé au bas du réservoir; cette disposition a en outre l'avantage de supprimer les sifflements qui se produisent quand la pression de l'eau est très grande dans la conduite d'alimentation.

Ce robinet se compose d'un corps portant, d'un côté, une tubulure de sortie d'eau et, de l'autre, une partie filetée qui permet le raccordement avec la canalisation générale au moyen d'un raccord en 3 pièces.

Dans le milieu et à l'intérieur de ce corps de robinet, est ménagé un siège annulaire sur lequel vient s'appuyer un piston en cuivre dont l'extrémité est munie d'une garniture en caoutchouc; ce piston est commandé par une fourchette faisant partie du levier du flotteur; le levier porte à une de ses extrémités, indépendamment de la fourchette, une articulation qui prend appui sur le corps du robinet et, à l'autre extrémité, un œillet dans lequel passe une tige percée de trous, vissée dans le corps du flotteur. Les trous permettent de régler le niveau de l'eau dans le réservoir.

Le flotteur en une pièce, sans soudure, est en ébonitoïde; son volume est tel qu'il assure la fermeture du robinet dans tous les cas, même par les plus fortes pressions usuelles.

Pour parer aux inconvénients qui résultent ou de dispositions désavantageuses, ou de vices dans l'établissement de la canalisation, comme dans le cas d'une canalisation noyée ou de l'existence de contre-pentes formant retenue d'eau entre le réservoir et la pièce à laver, nous avons adapté sur la cloche de notre l'appareil un bouton, dit bouton barostatique; ce bouton est percé de petites ouvertures et assure le rétablissement de la pression atmosphérique dans la cloche. Ces ouvertures pratiquées dans le bouton barostatique sont suffisamment petites pour n'influencer en rien l'énergie de la chasse et, d'autre part, des dispositions particulières ont été prises pour éviter les chances d'obstruction de ces ouvertures. Le bouton barostatique est d'ailleurs placé au-dessus du niveau normal de l'eau, les dépôts calcaires ou autres ne peuvent donc s'y déposer; les ouvertures sont, en outre, disposées horizontalement, de manière à ne pas être obstruées par la chute des poussières.

Nos appareils de chasse ont, de plus, l'avantage de pouvoir se passer de trop-plein; ils sont, en effet, construits de telle sorte que si un accident survient au robinet d'alimentation, le niveau de l'eau s'élève dans le réservoir, au-dessus du niveau normal, et l'écoulement se fait par le siphon lui-même; si la fuite augmente d'importance, le siphon s'amorce automatiquement et vide le réservoir chaque fois que le niveau de l'eau arrive à une certaine hauteur.

Fonctionnement de l'appareil.— Le robinet de remplissage étant réuni, par un tuyau, à la conduite générale d'amenée d'eau et le réservoir de chasse étant vide, voyons ce qui se passe au moment où l'eau est introduite dans la canalisation générale de distribution.

La cloche est placée sur son siège dans la position normale ; le piston du robinet à flotteur est écarté de son siège par le poids du flotteur et de sa tige ; l'eau arrive par conséquent dans le réservoir, et à mesure que son niveau monte, le flotteur se soulève et force le piston à se rapprocher graduellement de son siège jusqu'au moment où l'effort produit par la submersion dudit flotteur fait équilibre à la pression de l'eau dans la con-

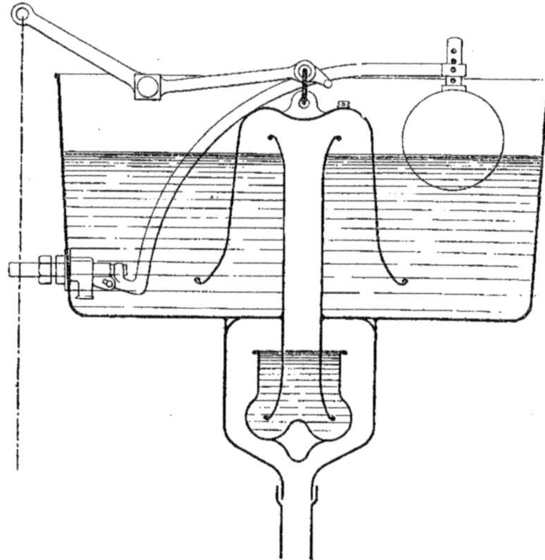

Fig. 16. — Réservoir de chasse à tirage (type AT). (Système breveté Geneste et Herscher.)

duite ; à ce moment, le robinet se ferme, l'écoulement cesse et l'appareil est prêt à fonctionner.

Pendant le remplissage, l'air contenu sous la cloche est chassé et s'écoule en partie par le tuyau de chasse et en partie par les ouvertures du bouton barostatique ; l'eau est donc montée à la même hauteur en dedans et en dehors de ladite cloche.

D'autre part, la tige graduée du flotteur a permis de tenir le niveau du liquide à environ deux centimètres au-dessous de la partie supérieure de la grande branche du siphon.

Il suffit alors, pour déterminer l'amorçage du siphon, de soulever par un moyen quelconque, soit par l'intermédiaire d'une chaîne fixée à l'extrémité du levier et qu'on actionne, soit à la main, soit par le mouvement de l'ouverture d'une porte munie d'une serrure ou d'un mécanisme spécial, soit par le moyen d'une pédale. Dès que la cloche se soulève, le tube central qui fait corps avec la cloche, se sépare de son siège et donne passage à l'eau contenue dans le réservoir ; l'eau s'écoule entre les deux parties coniques

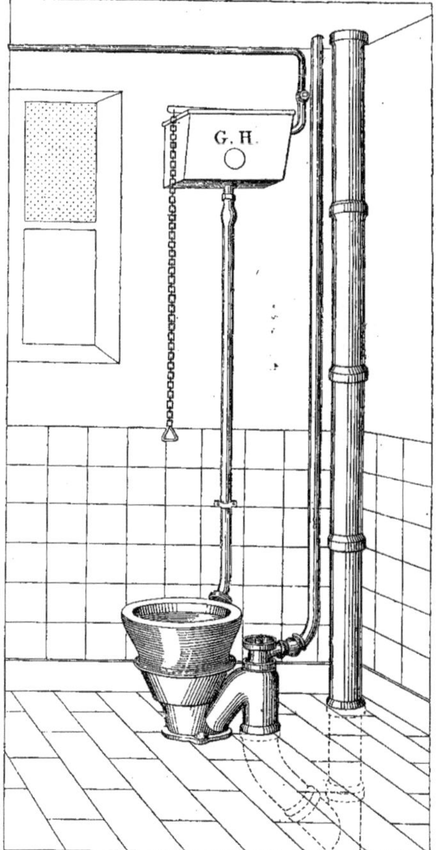

Fig. 17. — Type de cabinet d'aisances pour habitation privée.

et produit par son écoulement une succion énergique ; l'air renfermé dans la cloche et entraîné, et l'amorçage a lieu.

L'écoulement se fait alors sans arrêt comme dans un siphon ordinaire, même après que la cloche est retombée sur son siège.

Lorsque le niveau de l'eau est descendu au-dessous du bord inférieur de la cloche, l'air rentre brusquement et désamorce le siphon; l'écoulement cesse et le réservoir se remplit à nouveau.

AUTRE RÉSERVOIR DE CHASSE A TIRAGE (type AT).

En outre du type AV dont le fonctionnement n'a jamais donné lieu à aucune plainte et pour pouvoir satisfaire à certaines prescriptions étroites imposées dans quelques localités à l'étranger, nous construisons également un autre type de réservoir à tirage, dit du type AT (*fig.* 16). Dans ce cas spécial cet appareil rend de grands services.

Il se compose d'un réservoir en fonte dans lequel l'eau arrive par un robinet à flotteur, semblable à celui que nous venons de décrire, et qui fonctionne exactement de la même manière. Le siphon de l'appareil est aussi un siphon annulaire, avec cette différence que la cloche est entièrement indépendante du tube central. Ce dernier qui s'élève de deux ou trois centimètres au-dessus du niveau normal de l'eau, plonge par son extrémité inférieure dans une cuvette de retenue qui est entourée elle-même par une enveloppe servant à diriger l'écoulement.

Fonctionnement de l'appareil. — Le réservoir inférieur formant retenue d'eau étant plein, au moment de l'arrivée d'eau dans le réservoir supérieur, l'air contenu sous

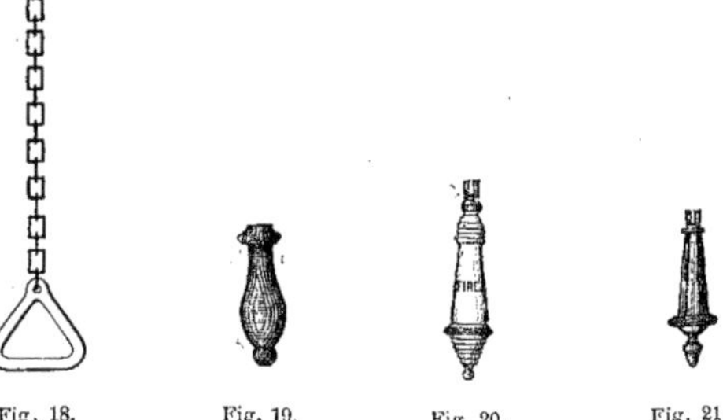

Fig. 18. Fig. 19. Fig. 20. Fig. 21.

Poignées de tirage pour appareils de chasse.

la cloche s'échappe par le bouton barostatique, l'eau monte jusqu'au niveau normal réglé par le flotteur.

Pour déterminer l'amorçage, il suffit alors de tirer sur la chaîne, la cloche se soulève et produit dans ladite une dépression assez forte pour que l'eau qui y est renfermée s'élève rapidement. L'eau se précipite dans le tube central, l'air est entraîné et le siphon s'amorce immédiatement en produisant un jet plein et puissant.

d. Accessoires des appareils de chasse par tirage. — La chaîne de tirage des réservoirs de chasse est ordinairement en cuivre verni avec poignée en cuivre nickelé, (*fig.* 18).

Pour les installations plus soignées, nos collections comprennent des poignées en bois, en faïence, en ébonitoïde, en cuivre nickelé (*fig.* 19, 20 et 21) qui peuvent se monter soit sur des chaînettes, soit sur des cordons.

Nous avons également des poignées de tirage montées sur guides en métal (*fig.* 22 et 23).

Ces guides sont ordinairement reliés au levier de l'appareil de tirage par une tige en cuivre nickelé ou par un cordon en soie.

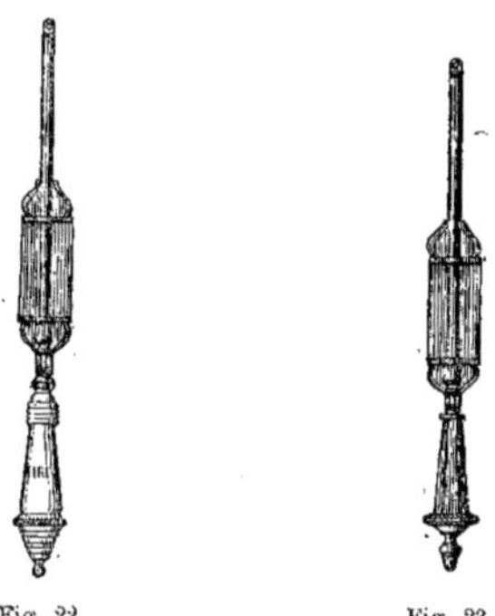

Fig. 22. Fig. 23.

Guides en métal pour appareils de chasse à tirage.

Nous avons dit plus haut que l'on pouvait actionner l'appareil de chasse soit par un tirage direct à la main (*fig.* 17) soit au moyen d'une serrure spéciale fixée à la porte. L'extrême sensibilité du système d'amorçage de l'appareil permet, en effet, l'emploi de nombreux modes d'action. Nous ne décrirons dans ce premier chapitre que la serrure GH; les autres dispositifs seront décrits au chapitre II, qui traite spécialement des abinets d'aisances des habitations collectives.

e. Serrure GH, destinée a faire fonctionner un appareil de chasse a tirage, par le mouvement d'une porte de cabinet d'aisances, une seule fois par visite, a la sortie seulement. — La serrure est construite comme les serrures ordinaires dites pênes demi-tour et fonctionne de la même manière, avec cette différence, que le carré ne porte qu'un seul bouton du côté extérieur. Un bec-de-cane simple (*fig.* 24 et 25) fixé sur une tige carrée, qui pénètre dans un fouillot spécial, agit à la fois sur les guides arrière du pêne demi-tour et sur le pontet du pêne refoulant. Un ressort spiral ramène ce pêne refoulant.

Fonctionnement : 1° à l'entrée du cabinet. — Le mouvement imprimé au bouton extérieur entraîne le pêne demi-tour. Ce bouton peut tourner indifféremment dans les deux sens. Pendant cette première période, le pène demi-tour seul fonctionne, ce qui permet à la porte de s'ouvrir ; le pêne refoulant ne bouge pas. La porte, dont les gonds sont excentrés, se referme seule.

2° *Fonctionnement de la serrure à la sortie.* — Le mouvement du bec-de-cane fait mouvoir le fouillot qui agit, à la fois, sur les guides arrière faisant partie du pêne demi-tour à chanfrain et sur le pontet du pêne refoulant, et leur transmet un mouvement rectiligne en sens inverse, c'est-à-dire que le pêne demi-tour rentre à l'intérieur du coffre et permet l'ouverture de la porte, tandis qu'au contraire, le pêne

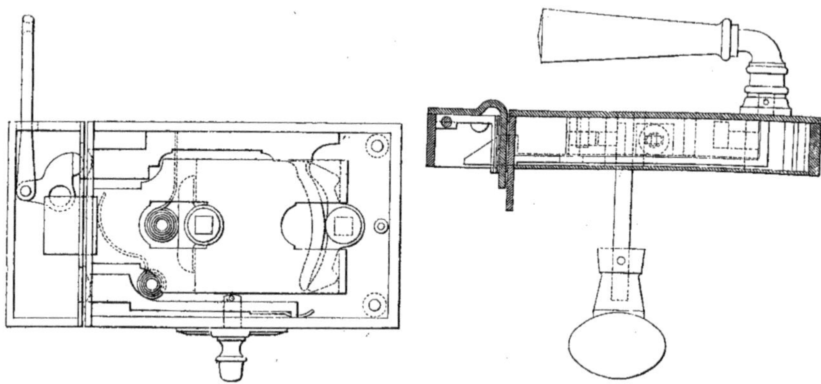

Fig. 24 et 25. — Serrure G H, destinée à faire fonctionner un appareil de chasse à tirage, par le mouvement d'une porte de cabinet d'aisances, une seule fois par visite et à la sortie seulement.

refoulant sort du coffre en agissant sur le refouloir à bascule renfermé dans le coffre de la gâche. Un ressort spiral ramène le pêne refoulant.

Le mouvement imprimé au refouloir à bascule produit la traction sur la chaîne du réservoir, par l'intermédiaire de la tige ; ce mouvement soulève la cloche qui amorce le siphon et provoque la chasse.

On voit donc que la cloche de l'appareil de chasse n'est soulevée qu'au moment de la sortie du water-closet et qu'elle reste immobile au moment de l'entrée ; il n'y a, par conséquent, qu'une seule chasse par visite, laquelle chasse s'effectue à l'instant même où le nettoyage de la cuvette doit être fait. (Les *fig.* 84 et 85, page 44, montrent un tracé schématique d'un réservoir de chasse fonctionnant par l'ouverture de la porte.)

f. Réservoir de chasse a tirage, a débit facultatif. — Dans certains cas, il est quelquefois nécessaire de ne dépenser qu'une très petite quantité d'eau, à des intervalles indéterminés, sans que la dépense maxima puisse dépasser un volume fixé.

Nous avons étudié divers appareils qui permettent d'obtenir ces résultats ; nous nous contenterons d'en décrire ici deux modèles qui sont assez fréquemment employés.

Le type (*fig.* 26) comprend : une bâche B d'une capacité quelconque, variable à volonté ; un petit réservoir R contenant le volume maximum à dépenser en une opération (ce réservoir R peut communiquer avec l'extérieur par un tube d'air T, plus élevé que le trop-plein M de la bâche B) une soupape à cloche C réglant la chasse d'eau et permettant d'éviter les entraînements d'air dans les tuyaux d'écoulement ; une soupape S, mettant la bâche B et le réservoir R en communication après la fermeture de la soupape C ; la soupape S est munie d'un tube *t* qui la traverse et permet de manœuvrer la cloche C ; un levier de commande L, actionnant directement la soupape à cloche tou-

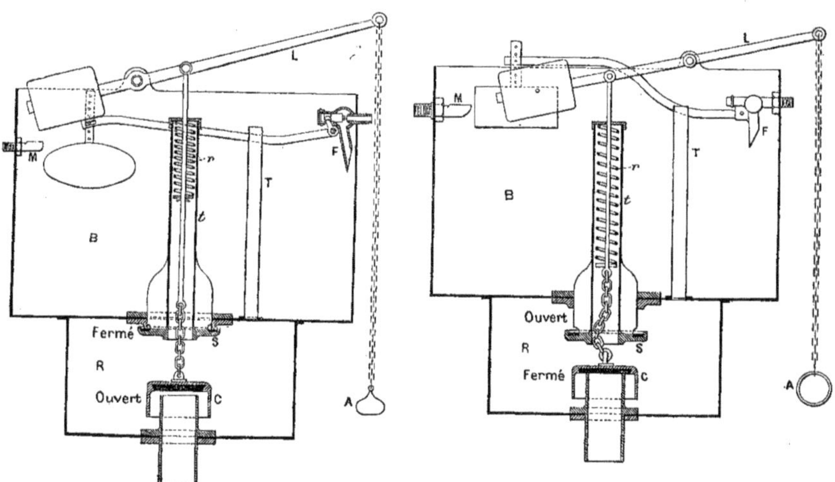

Fig. 26 et 27. — Appareils de chasse à tirage, à débits facultatifs.

jours ouverte et maintenant la soupape S toujours fermée par l'intermédiaire d'un ressor *r*. Le levier de commande L est manœuvré par une chaîne ou cordon de tirage A ; il est muni d'un contrepoids qui ramène les soupapes dans leur position normale. Un robinet à flotteur F alimente le réservoir. Un trop-plein M est disposé pour couler à plein tuyau dès que le niveau de l'eau dépasse la hauteur fixée dans la bâche B.

Fonctionnement de l'appareil. — L'appareil étant à l'état de repos, les deux capacités B et R ne sont pas en communication. Pour produire une chasse, on tire la chaîne ou cordon A (*fig.* 26) ; la cloche C se ferme. En ce moment, les deux soupapes C et S sont fermées à la fois ; le tirage continuant, la soupape S, à grande section, s'ouvre et le réservoir R s'emplit d'eau instantanément. Quand on abandonne la chaîne A, la soupape S se referme d'abord, la cloche C se soulève ensuite, et l'écoulement se produit et se continue jusqu'à ce que le réservoir B soit vide. Pour obtenir une nouvelle chasse d'eau, il suffit d'agir de nouveau sur la chaîne de tirage. A chaque écoulement, la quantité

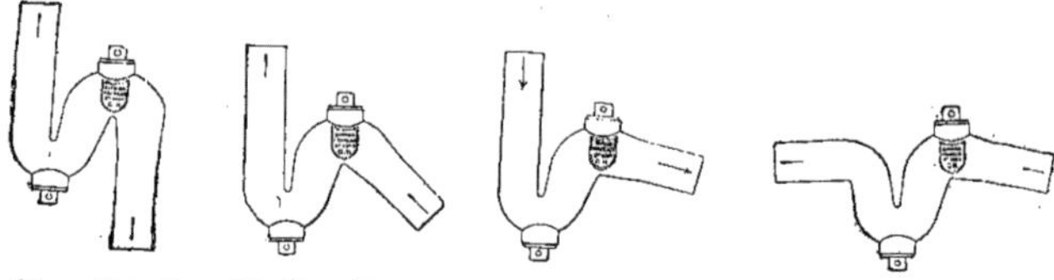

Fig. 28. — Type Z. Fig. 29. — Type Y. Fig. 30. — Type V. Fig. 31. — Type X.

(DIAMÈTRE INTÉRIEUR)

0^{m},035 diamètre	0^{m},040 diamètre	0^{m},050 diamètre	0^{m},060 diamètre	0^{m},080 diamètre

Fig. 28, 29, 30 et 31. — Siphons en plomb à interception persistante (Modèle G. H).

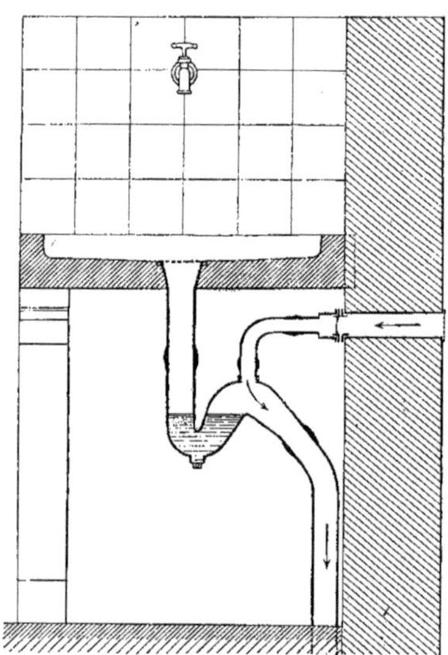

Fig. 32. — Siphon obturateur mis en communication avec l'atmosphère extérieure au moyen d'une boîte de ventilation.

d'eau totale dépensée ne peut pas dépasser la capacité du réservoir R. On voit que l'on peut obtenir ainsi une certaine quantité de chasses à des intervalles très rapprochés.

Dans le cas du type de la figure 27, le levier de commande est disposé de telle sorte que le contrepoids maintient la cloche C toujours fermée et la soupape S toujours ouverte. Quand on veut se servir de l'appareil, on agit sur la chaîne A, la soupape S se ferme, les deux soupapes S et C sont alors fermées; le tirage continuant, la soupape S reste appliquée contre son siège, tandis que la cloche C se lève, et la chasse se produit, l'écoulement se continue jusqu'à ce que le réservoir R soit vide.

Si l'on veut arrêter la chasse à un instant quelconque, il suffit d'abandonner la chaîne, et l'écoulement cesse. Le levier L, se trouvant libre, se déplace sous l'action du contrepoids, la cloche se ferme. La soupape S, s'ouvrant ensuite, remet les deux réservoirs en communication. Le réservoir inférieur se remplit et l'on peut recommencer une nouvelle chasse.

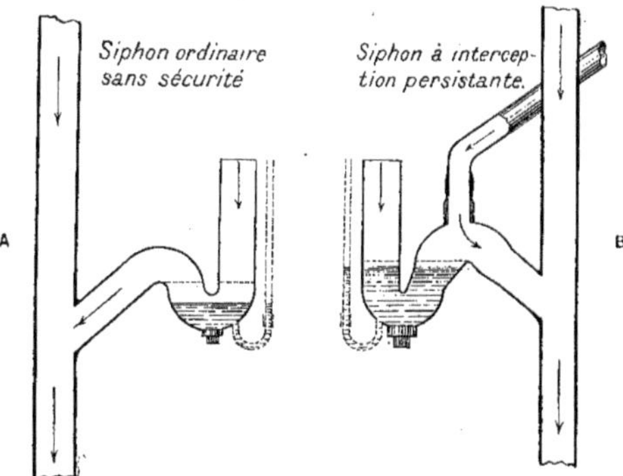

Fig. 33. — Appareil de démonstration pour faire apprécier la nécessité de la ventilation des siphons.

g. — Siphon obturateur avec tubulures de nettoyage et de ventilation. — Nous avons vu précédemment que sous la cuvette des cabinets d'aisances, on plaçait toujours un siphon obturateur muni d'une tubulure de nettoyage et d'une tubulure de ventilation. Notre maison fabrique différents types de ces appareils, les uns en fonte et les autres en plomb.

Les siphons en plomb, dits siphons français à interception persistante, présentent deux tubulures (*fig.* 28, 29, 30 et 31): l'une inférieure, dite de visite, est fermée par un bouchon à vis; l'autre, supérieure, peut être fermée par un bouchon semblable, mais elle est plus spécialement réservée pour l'aération. Le bouchon est alors remplacé par une tubulure qui se raccorde avec un tuyau de communication avec l'atmosphère, ou avec une boîte de ventilation qui prend elle-même l'air à l'extérieur (*fig.* 32).

La communication, établie de cette façon en permanence avec l'atmosphère, empêche le désamorçage qui se produit sous l'action d'une succion. La figure 33 montre clairement ce qui se produit au moment où un écoulement a lieu dans les tuyaux verticaux A et B; le siphon de gauche, qui n'est pas ventilé, se désamorce chaque fois qu'un écoulement se produit dans le tuyau vertical. Ce désamorçage n'a pas lieu dans le siphon à interception persistante, la dépression produite dans la branche de sortie du siphon provoque une entrée d'air aspirée de l'extérieur par le tube de ventilation.

Les profils de nos siphons ne présentent ni creux ni angles susceptibles d'arrêter les matières solides. Les surfaces intérieures des bouchons de visite épousent exactement la forme des siphons auxquels ils sont adaptés ; en outre, la branche ascendante de nos siphons augmente de section ; cette disposition, qui favorise l'écoulement, empêche aussi les obstructions de se produire.

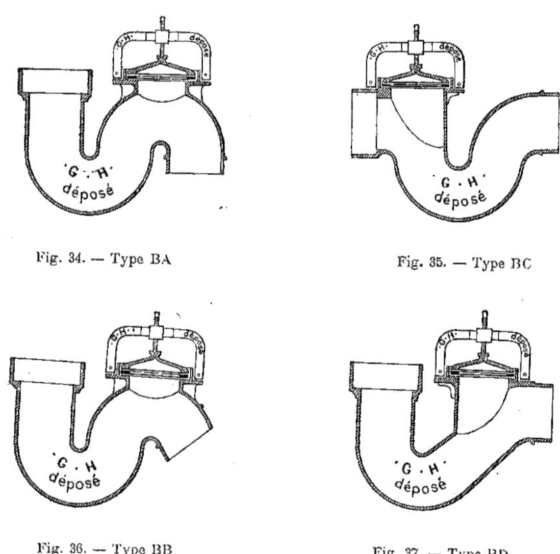

Fig. 34. — Type BA

Fig. 35. — Type BC

Fig. 36. — Type BB

Fig. 37. — Type BD

Fig. 34, 35, 36 et 37. — Siphons en fonte avec tubulure de nettoyage et étrier (Type G. H.).

Notre maison possède également une collection de siphons en fonte avec tampon de nettoyage et étriers avec serrage à vis sur rondelle en caoutchouc. Ces siphons sont surtout employés pour les canalisations d'eaux vannes, d'eaux pluviales ou ménagères (*fig.* 34, 35, 36 et 37).

Nos siphons en fonte sont étudiés de manière à pouvoir se raccorder soit avec des canalisations en grès, soit avec des canalisations en fonte. Les courbes intérieures, soigneusement tracées, n'offrent aucune saillie où les matières solides pourraient séjourner ; la garde d'eau est celle exigée par les règlements municipaux ; les emboîtements sont assez longs et d'un diamètre suffisant pour permettre, dans tous les cas, la confection d'un bon joint. Le tampon de visite, entièrement étanche, est également disposé de manière à ne pas retarder l'écoulement ; ses dimensions sont telles que l'on peut accéder facilement dans toutes les parties intérieures du siphon.

h. Tampons en fonte avec étriers a vis sur rondelles de caoutchouc (avec clé à manette) (*fig.* 38 et 39) pour fermeture hermétique de tubulures sur siphons en fonte, tuyaux en fonte du commerce et tuyaux en grès.

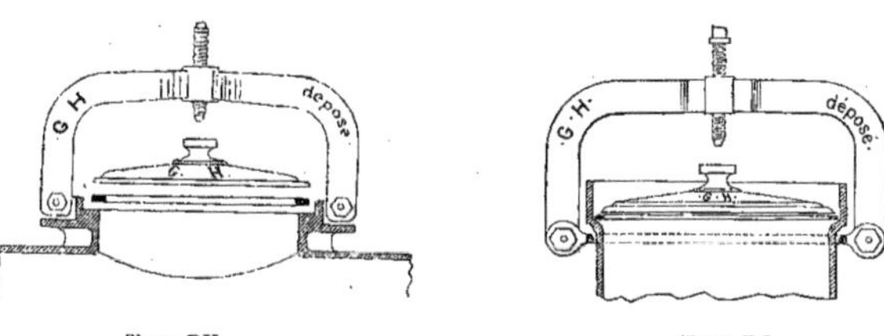

Type BK

Type BO

Fig. 38 et 39. — Type BK pour siphons en fonte, modèle de notre maison et type BO pour tuyaux en grès et fonte du commerce.

Application des tampons type BO *aux fontes du commerce et aux tuyaux de grès.*

Les Tampons de	12c	se placent sur les grands bouts et tubulures de tuyaux de fonte de			11c
—	14c 1/2	—	—	—	13c 1/2
—	17c 1/2	—	—	—	16c
—	20	—	—	—	19c
—	23	—	—	—	22c
—	13	se placent sur les tuyaux en grès de 10c			
—	15 1/2	—	—	12c 1/2	
—	19	—	—	15c	
—	23	—	—	19c	

Application des tampons type BK *aux siphons en fonte, modèle de notre maison.*

Les tampons de 13c se placent sur les tubulures de nos siphons de fonte de 11c, 13c 1/2 et 16c.

Les tampons de 19 se placent sur les tubulures de nos siphons de fonte de 19 et 22c.

i. Boites d'aérage automatique, avec valve en mica pour tuyaux de chute, siphons, canalisations d'eaux vannes, pierres d'évier, etc.

Nous avons parlé plus haut de la ventilation des siphons au moyen des boîtes d'aérage automatique et nous avons montré (*fig.* 32) comment ces boîtes doivent être installées pour la ventilation d'une pierre d'évier. Ces appareils (*fig.* 40, 41, 42 et 43) servent dans de nombreux cas. Ils sont construits de la manière suivante : une légère valve en mica, suspendue par des œillets en métal, est posée sur un siège légèrement incliné qui permet à la valve de s'ouvrir dans un sens seulement, de l'extérieur à l'intérieur. Lorsqu'une dépression se produit à l'intérieur de la canalisation, la valve s'ouvre et y laisse pénétrer l'air frais venant de l'extérieur; dès que la dépression cesse, la valve se referme. Pour la même raison, lorsqu'une augmentation de pression des gaz se produit dans la canalisation, la valve en mica s'applique hermétiquement sur son siège et empêche la sortie des gaz.

La valve est protégée du côté extérieur par un grillage métallique.

Ces appareils sont utilisés pour la ventilation des siphons en plomb et en fonte, des canalisations et des regards de visite, chaque fois que la ventilation ne peut pas se faire directement par un tuyau montant jusqu'au-dessus du toit de l'habitation.

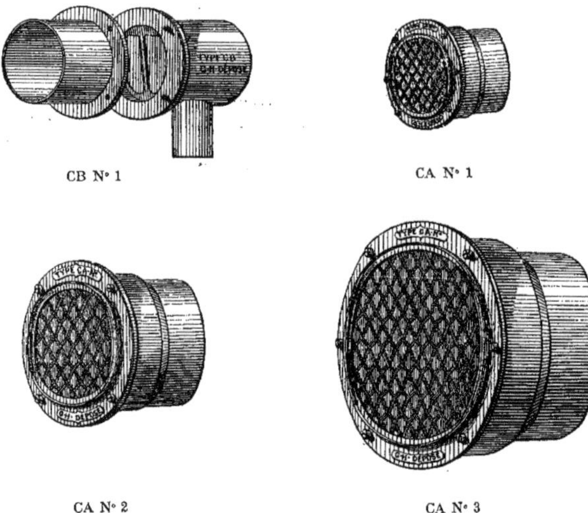

CB N° 1 — CA N° 1 — CA N° 2 — CA N° 3

Fig. 40, 41, 42 et 43. — Boîtes d'aérage automatique avec valve en mica.

j. Siphons de cour avec grille mobile a fermeture et panier ramasse-boue. — Pour éviter la projection dans les canalisations des ordures solides qui se trouvent sur le sol et pour empêcher en même temps la sortie des odeurs provenant de ces canalisations, on place dans les cours, et quelquefois dans les rues, des appareils (*fig*. 44 à 54) (siphons de cour) qui se composent d'une pièce *a* appelée siphon, sur laquelle se place une pièce intermédiaire appelée cuvette ; cette cuvette peut porter, comme le montrent les figures 50 et 51, une ou plusieurs tubulures placées soit à 90°, soit à 180°. La pièce supérieure, porte-grille, est scellée à hauteur du sol, de manière à permettre à l'eau d'y arriver facilement. Une grille en fonte, munie d'un verrou qui se manœuvre au moyen d'une clé spéciale, empêche les ordures trop volumineuses d'entrer dans la conduite. A l'intérieur du siphon, un panier en tôle, appelé panier ramasse-boue, retient le sable et le gravier, ainsi que les matières lourdes qui ne peuvent ainsi être entraînées dans les conduites.

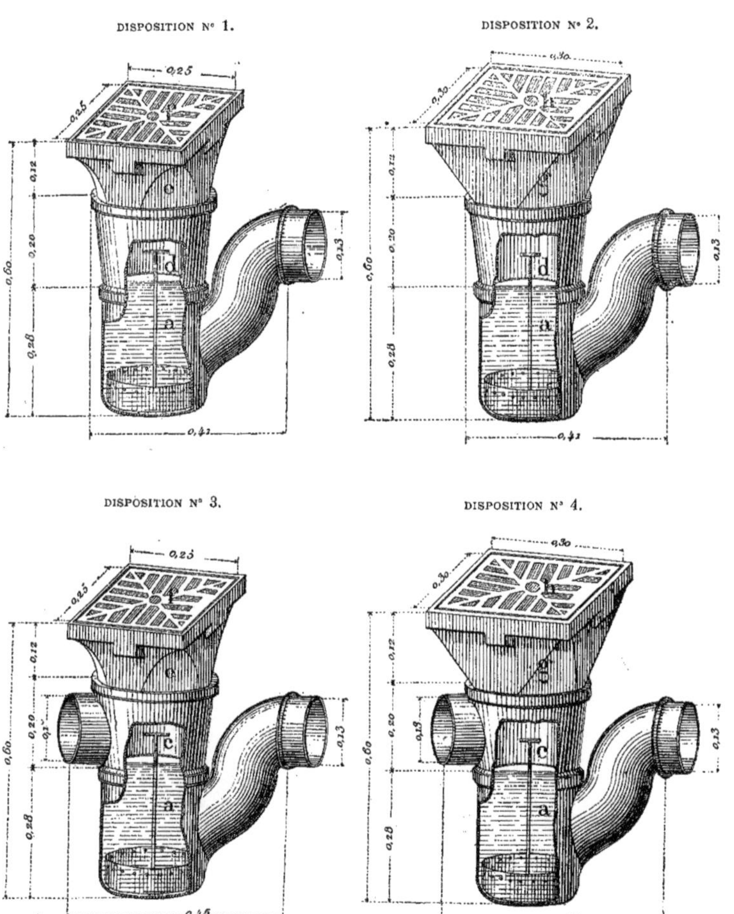

Fig. 44, 45, 46 et 47. — Siphons de cour type GZ avec grille mobile et panier ramasse-boue.

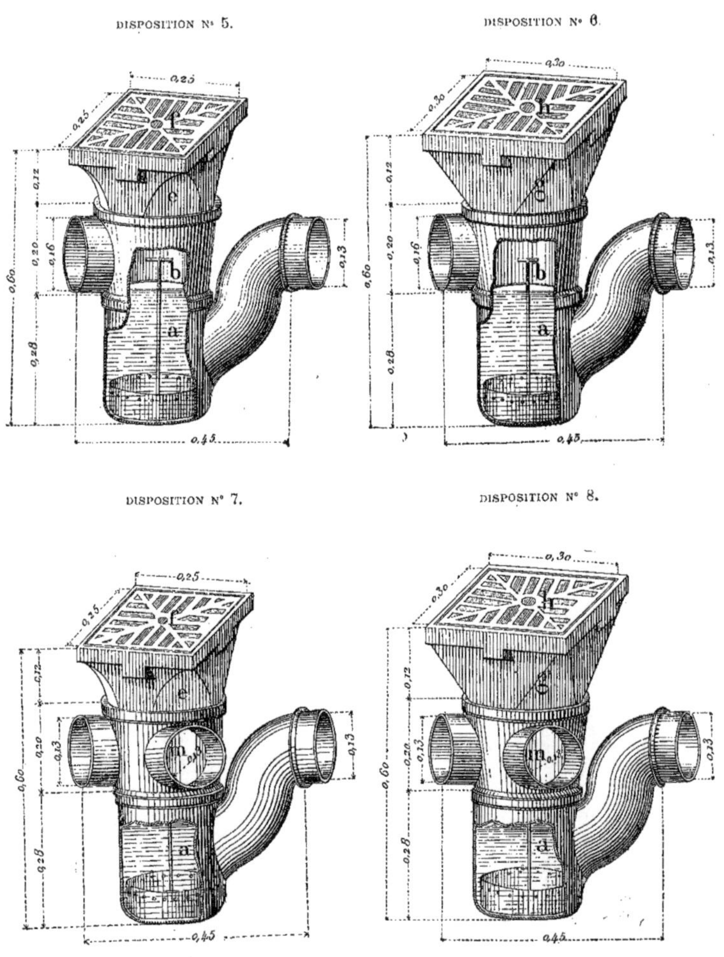

Fig. 48, 49, 50 et 51. — Siphons de cour, type GZ, avec grille mobile et panier ramasse-boue

Le siphon de cour type GY (*fig.* 54) se compose d'un corps en fonte d'une seule pièce, portant d'un côté une tubulure de raccordement soit avec une canalisation, soit avec un tuyau d'eau pluviale et, de l'autre, la branche de sortie du siphon qui se raccorde avec le

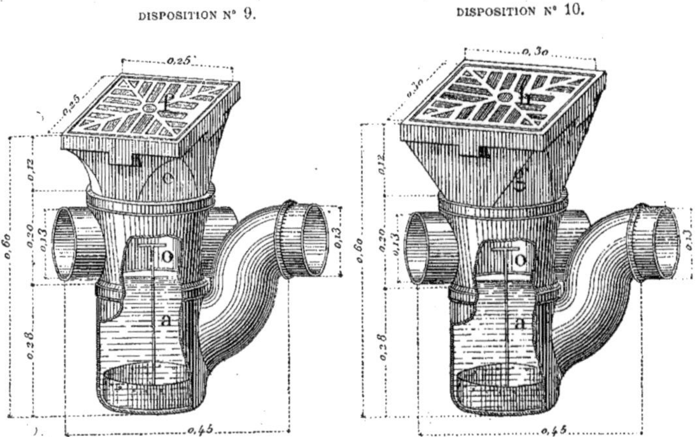

Fig. 52 et 53. — Siphons de cour, type GZ, avec grille mobile et panier ramasse-boue.

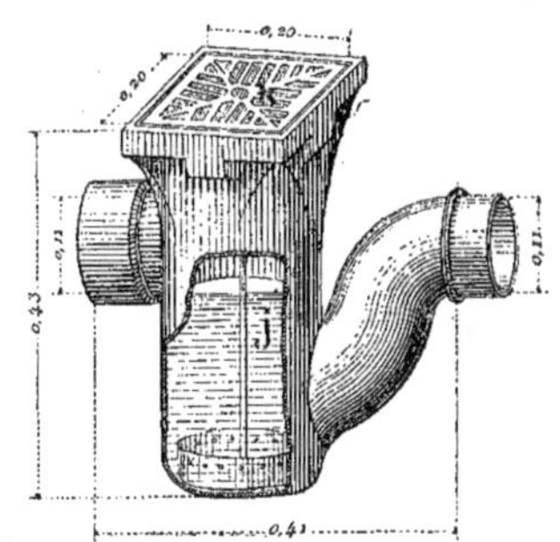

Fig. 54. — Siphon de cour, type GY, avec grille à fermeture et panier ramasse-boue.

tuyau d'évacuation. Il est muni comme les siphons du type GZ d'une grille à fermeture et d'un panier ramasse-boue.

Les siphons de cour se placent également, dans certains cas, au bas des tuyaux d'eau pluviale ; c'est pourquoi nous avons muni nos deux types de siphons de cour de tubulures de raccordement qui peuvent se tourner à volonté dans tous les sens. Ces tubulures sont placées au-dessus du niveau normal de l'eau et permettent, par conséquent, la libre circulation de l'air dans les tuyaux avec lesquels ils sont en communication.

Lorsque les siphons doivent être installés sur la voie publique pour recueillir les

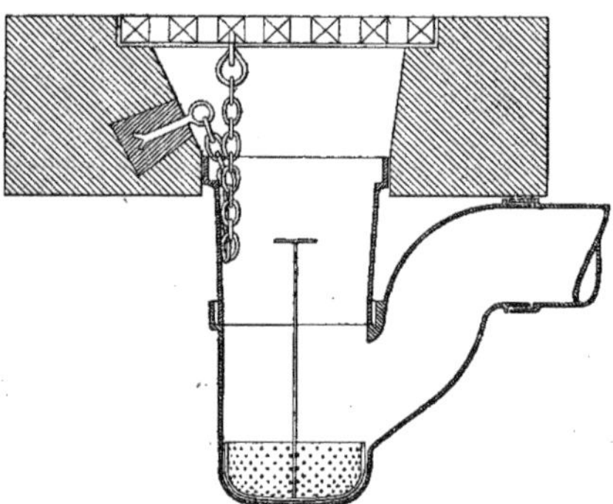

Fig. 55. — Siphon de rue.

eaux du sol, on emploie le siphon GZ en remplaçant la partie supérieure en fonte par une pierre dans laquelle on dispose une grille en fer retenue par une chaîne (*fig.* 55). Ce type d'appareil est employé dans plusieurs villes du Midi de la France.

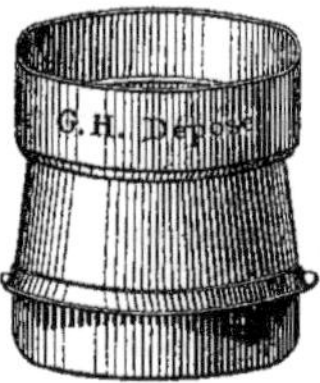

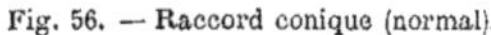

Fig. 56. — Raccord conique (normal).

Fig. 57. — Raccord conique (renversé).

k. Accessoires pour canalisations d'eaux-vannes. — Dans l'installation des canalisations des habitations privées, il est quelquefois nécessaire de diminuer ou d'augmenter les sections des tuyaux d'écoulement. Pour éviter les inconvénients d'un brusque changement de diamètre, nous avons établi des raccords coniques permettant de passer progressivement d'une petite à une grande section, ou inversement, d'une grande à une petite. Les figures 56 et 57 montrent les pièces qui servent à cet usage.

Nous construisons également des raccords avec branchement de petite section; ces pièces sont utilisées pour les jonctions des tuyaux des lavabos, éviers, toilettes, urinoirs, etc., avec le tuyau d'évacuation allant à l'égout (*fig.* 58).

Nos collections comportent aussi des pièces de raccord avec regard de visite (*fig.* 59). Ces pièces se placent sur les canalisations à pentes douces; elles servent à la

Fig. 58. — Raccord avec branchement de petite section.

visite et aux dégorgements des tuyaux d'écoulement des eaux-vannes. La fermeture est rendue hermétique au moyen d'une bande de feutre, enduite de vaseline, comprimée dans une feuillure par quatre vis.

Enfin, nous avons également des trappes à tampons ronds qui se ferment au moyen

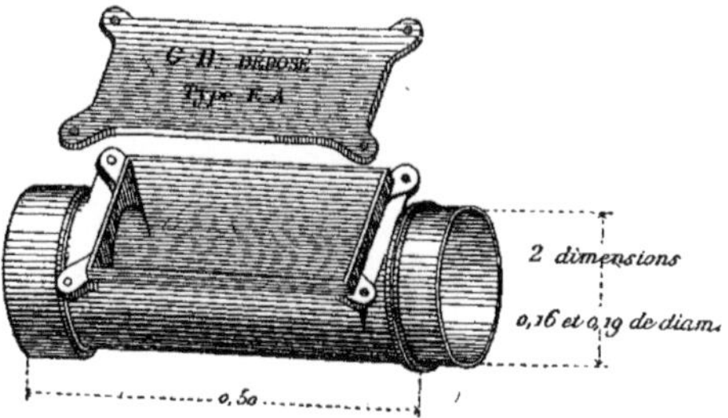

Fig. 59. — Raccord droit avec regard de visite.

d'un verrou et d'un taquet. Ces trappes (*fig.* 60 et 61) se placent ordinairement dans les cours, au-dessus d'un petit regard en maçonnerie et quelquefois sur les trottoirs, elles servent à recouvrir soit le bouchon de visite d'un siphon, soit un robinet, soit tout autre appareil qui doit être placé à la portée de la main et qui ne doit pourtant pas gêner la circulation.

Une grande partie des appareils employés dans les travaux d'assainissement des habitations privées, sont également utilisés dans les travaux des habitations collectives.

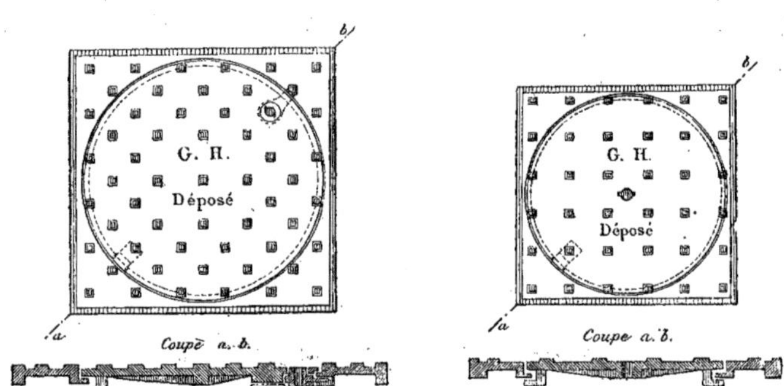

Fig. 60 et 61. — Trappes à tampons ronds, avec chassis carré, type DZ.

Dans le chapitre qui suit, nous n'aurons donc pas à les décrire de nouveau ; et nous nous bornerons à renvoyer aux figures et aux divers paragraphes du chapitre Ier.

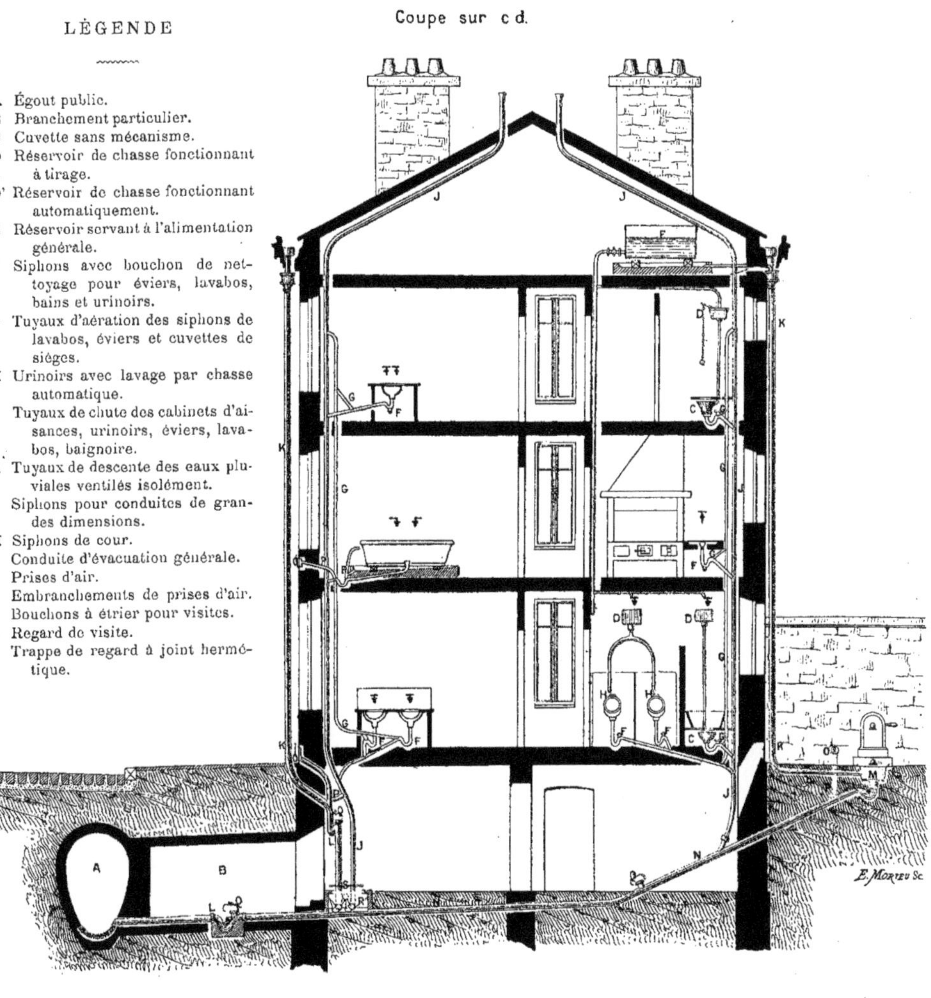

Échelle de 0m 01 p.m.

Fig. 62. — Spécimen d'installations d'appareils de salubrité dans une habitation privée.

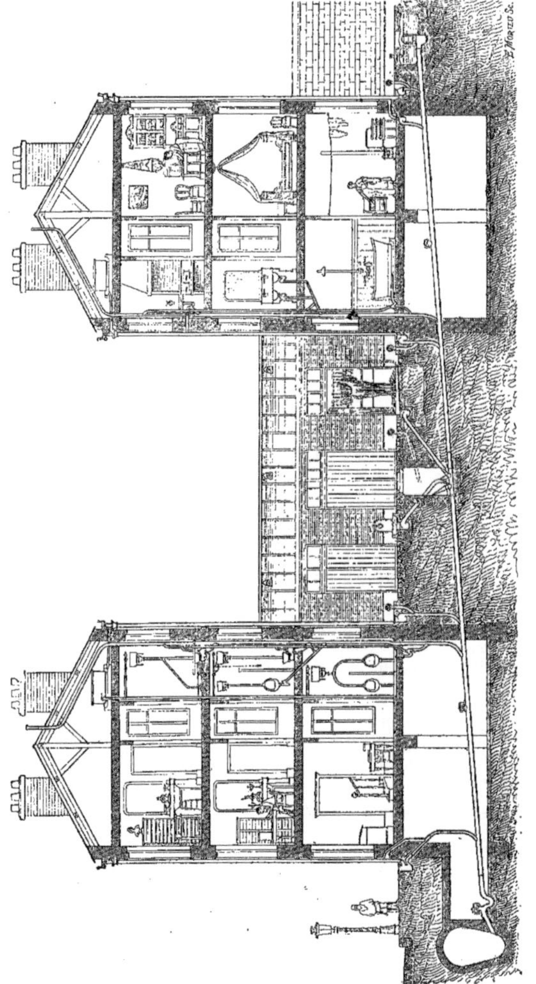

Fig. 63. — Installations diverses d'appareils de salubrité dans une habitation privée.

§ 2°. — Habitations collectives.

Nous venons de décrire les différents appareils de salubrité que nous avons construits pour l'aménagement intérieur d'une habitation privée; nous avons montré que leur installation était facile et que la simplicité de leurs différents organes en assurait le bon fonctionnement. Nous allons passer maintenant en revue ceux de nos appareils qui peuvent être employés pour les travaux d'assainissement des *habitations collectives.* Ces installations sont moins simples que les premières ; elles exigent de plus grandes précautions pour assurer en tout temps l'évacuation rapide des matières usées, la

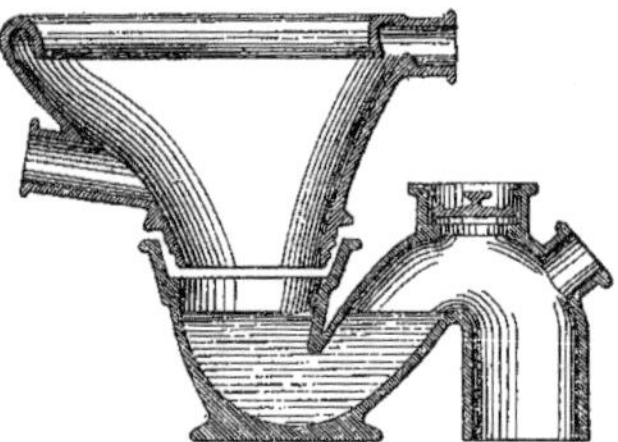

Fig. 64. — Cuvette en grès pour cabinets à usage commun.

dilution immédiate de celles-ci dans de l'eau constamment renouvelée, pour empêcher autant que possible les souillures des parois, du sol et des appareils, afin d'obtenir automatiquement, en un mot, l'état le plus parfait possible de propreté dans tous les endroits où il faut procéder à l'évacuation des déchets de la vie usuelle.

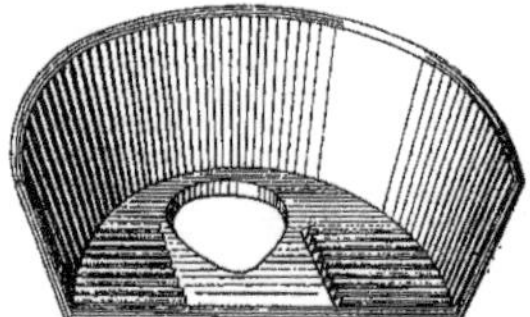

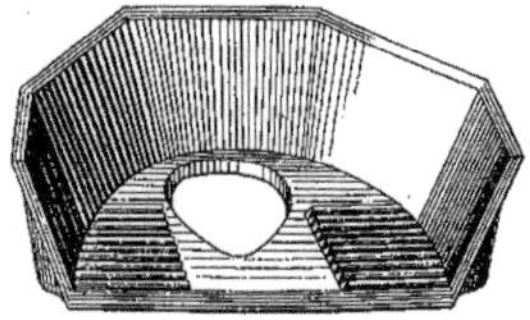

Fig. 65 et 66. — Dessus de siège pour cabinets à usage commun, grand modèle (en grès vernissé ou émaillé).

a. Cabinets d'aisances pour habitations collectives. — Lorsque dans une maison les cabinets d'aisances doivent servir à la fois à plusieurs familles, on construit des cabinets composés le plus souvent d'une cuvette en grès vernissé du genre de celle qui a été décrite au commencement du chapitre premier. (*Voir p.* 8.) Cette cuvette est également munie d'un siphon qui se raccorde avec le tuyau de chute. Le dessus de ladite cuvette est placé à environ 8 à 10 centimètres au-dessus du sol. La planchette en bois est alors remplacée par un dessus de siège en matière dure inattaquable aux acides comme le verre, le grès vernissé, la lave émaillée, etc. Ces sièges affectent des formes différentes que nous représentons ci-dessous (*fig.* 65, 66, 67, 68 et 69).

Les sièges à la turque se font de différentes teintes : brun, jonc ou blanc.

Les cloisons inclinées sont raccordées avec les parois par des remplissages en ciment recouvert d'un enduit hydrofuge. La figure 70 représente un cabinet à usage commun avec dessus de siège en grès vernissé.

Les dessus de siège se construisent également en verre (*fig.* 71). Dans ce cas, ils sont formés d'une dalle en verre coulé de 30 millimètres d'épaisseur, percée d'un trou de dimensions appropriées aux cuvettes; des patins en saillie indiquent l'emplacement

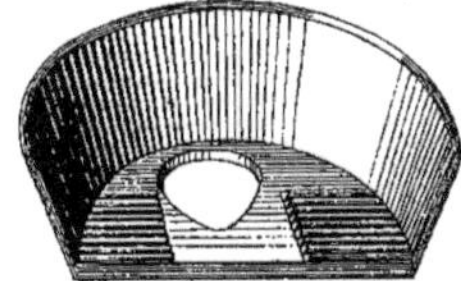

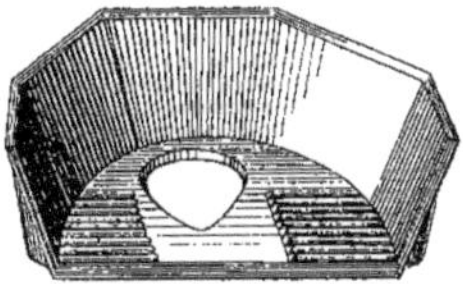

Fig. 67 et 68. — Dessus de siège pour cabinets à usage commun, moyen modèle (grès vernissé ou émaillé).

des pieds et une rainure sert d'arrêt aux plaques inclinées qui se posent sur les côtés et au fond du cabinet d'aisances pour former la trémie. La figure 72 représente un cabinet à usage commun, avec dessus de siège en verre.

Dans l'installation des water-closets on doit avoir soin de ventiler le siphon et de ménager une ouverture facilement accessible pour son dégorgement.

Dans les cabinets communs, la plus grande partie des liquides tombe sur le sol; il y

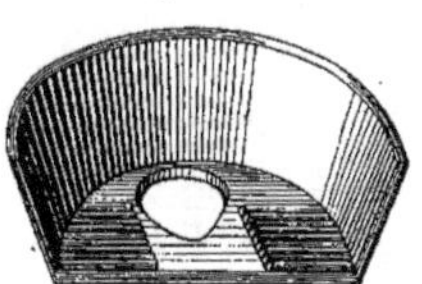

Fig. 69. — Dessus de siège en grès vernissé, petit modèle.

y a donc lieu de prendre des précautions toutes spéciales pour empêcher ces liquides d'y séjourner. On se contente quelquefois de placer devant le siège un caniveau demi-circulaire en grès vernissé, mis en communication avec la canalisation par l'intermédiaire d'un siphon ; le reste du sol est cimenté et légèrement incliné de manière à renvoyer les liquides dans le caniveau. Cette disposition, peu coûteuse il est vrai, a l'inconvénient de ne pas permettre un lavage automatique abondant et fréquent; l'urine pénètre alors petit à petit dans le sol qui est bientôt infecté.

Pour obvier à ces inconvénients, nous garnissons le devant du siège d'un terrasson à retenue d'eau (*fig.* 73.) dont le trop-plein est mis en communication avec le tuyau d'évacuation par un siphon en plomb ou en grès. Le terrasson est recouvert par une grille en fonte ou en fer galvanisé. L'eau y est renouvelée de temps en temps par une chasse qui est produite par un réservoir placé dans le haut du cabinet d'aisances. Ces terrassons peuvent être établis en plomb, en ardoise, en lave, en fonte émaillée ou

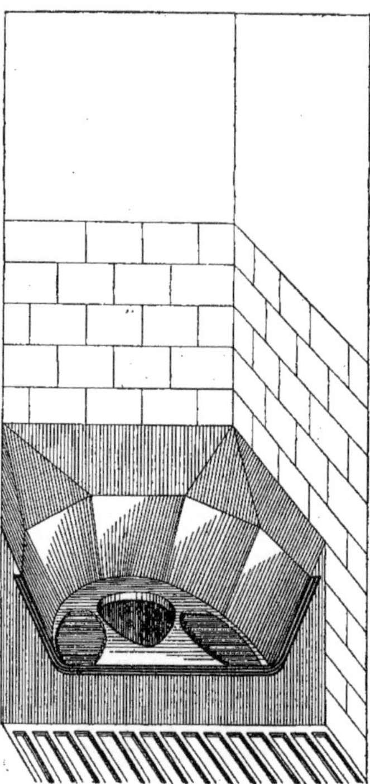

Fig. 70. — Installation d'un siège en grès vernissé avec terrasson.

en verre. Les figures 74, 75 et 76 montrent une disposition de terrasson installé dans ces conditions.

La figure 72 montre une disposition de terrasson en verre. La grille en métal est supprimée et remplacée par des saillies faisant corps avec le caniveau lui-même; ces saillies sont suffisamment rapprochées pour que le pied pose toujours d'aplomb.

Une pièce spéciale, également en verre, forme retenue d'eau; elle est mise en communication avec le tuyau d'évacuation par un siphon en plomb scellé dans une ouverture pratiquée dans le fond de la pièce. Ces appareils sont employés dans les hôpitaux militaires et dans un grand nombre d'administrations.

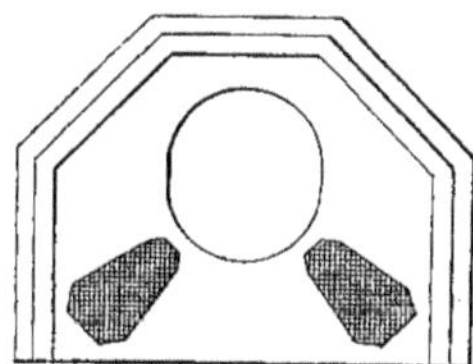

Fig. 71. — Dessus de siège en verre coulé, pour cabinet à usage commun.

Nous construisons, en outre, un terrasson spécial en fonte émaillée, type G H, dont le dessin est donné figures 77, 78 et 79. Il se compose d'une cuvette à fond plat ayant à droite et à gauche des plans inclinés destinés à ramener l'eau et les poussières vers l'orifice de sortie; cet orifice est relevé légèrement de manière à retenir dans la cuvette

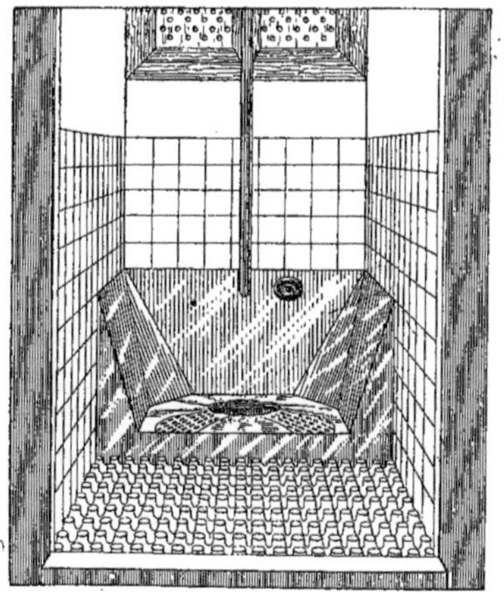

Fig. 72. — Installation d'un cabinet à usage commun, avec dessus de siège et terrasson en verre coulé.

une hauteur d'eau d'environ 20 à 25 millimètres. Devant l'orifice de sortie, une grille verticale formée par des pointes venues de fonte empêchent l'obstruction dudit orifice.

Du côté opposé à la sortie d'eau, un canal percé de petits trous permet à l'eau

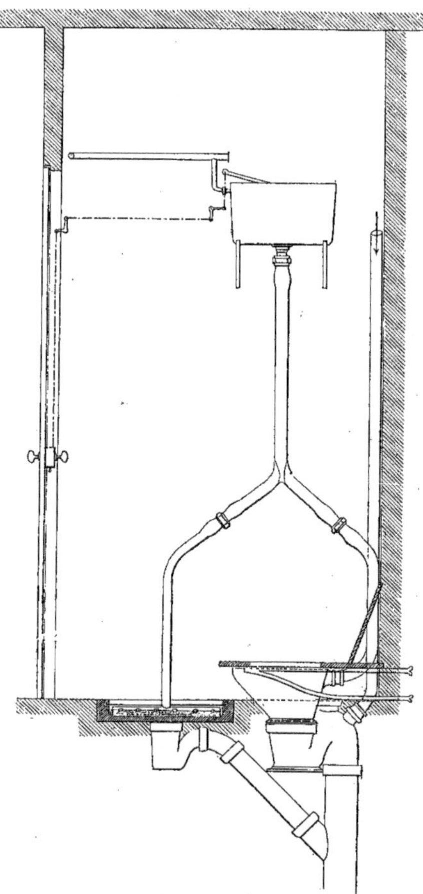

Fig. 73. — Type de cabinet à usage commun, avec terrasson lavé automatiquement et dessus en lave émaillée.

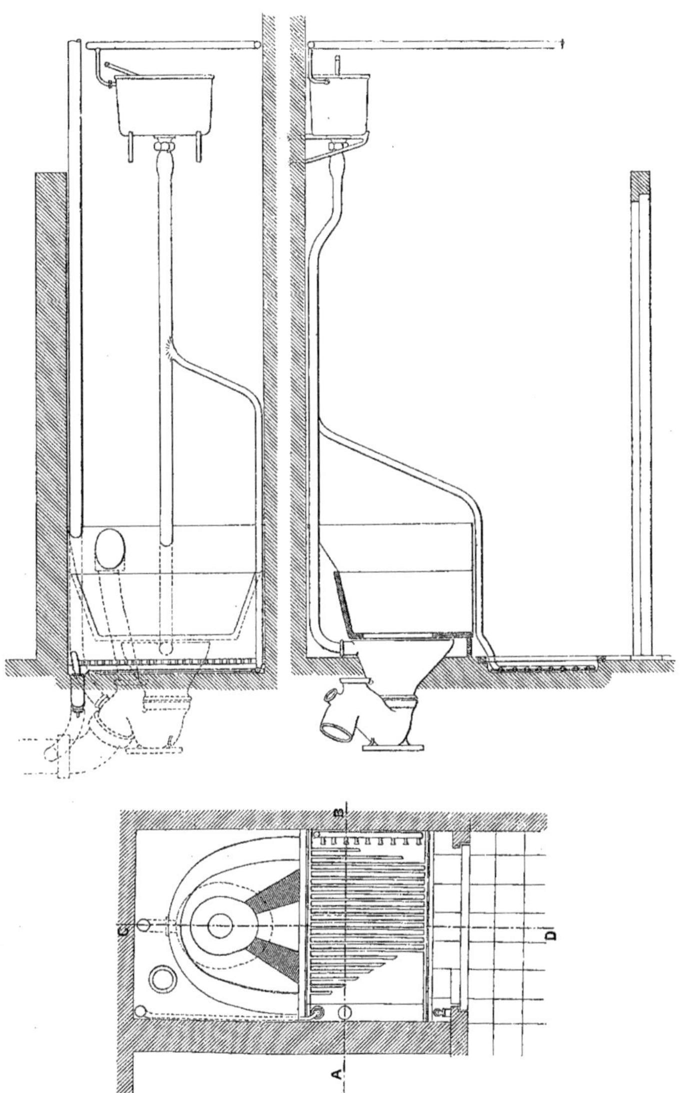

Fig. 74, 75 et 76. — Disposition d'un cabinet à usage commun avec terrasson et dessus de siége en grès.

d'arriver dans la cuvette; ce canal est mis en communication avec un réservoir de chasse qui sert en même temps pour le lavage de la cuvette. Une grille en fonte galvanisée recouvre l'appareil. La cuvette étant entièrement à l'abri des chocs et ne contenant que des liquides extrêmement dilués, nous avons pu employer la fonte émaillée; c'est peut-être le seul cas où ce produit peut être utilisé sans inconvénient dans les cabinets d'aisances.

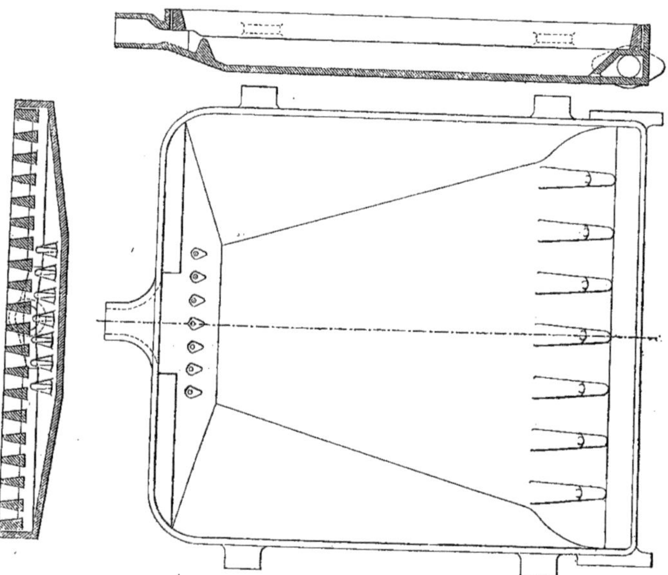

Fig. 77, 78 et 79. — Plan et coupe d'un terrasson en fonte émaillée, type CH.

b. SIPHONS D'ÉVACUATION. — Les siphons d'évacuation employés dans les habitations collectives sont les mêmes que ceux décrits plus haut, au chapitre premier; il est donc inutile d'y revenir ici. Nous nous bornerons à dire qu'il faut employer autant que possible les siphons en plomb qui offrent toujours plus de sécurité, les chances d'engorgement étant réduites à leur minimum par les parois lisses et les courbes régulières que présentent ces appareils; les jonctions avec les canalisations sont également plus faciles à exécuter.

c. Réservoir de chasse pour cabinets a usage commun et procédés de tirage de ces réservoirs. — Nous allons décrire maintenant les différents types d'appareils de chasse employés dans les cabinets communs, ainsi que les divers systèmes de traction destinés à les faire fonctionner.

Dans les installations sanitaires des habitations collectives, on peut se servir d'appareils de chasse à tirage, mais il faut alors que la traction se fasse automatiquement au moment de la sortie du cabinet. Nous avons déjà indiqué comment on obtenait cette traction par l'emploi de la serrure G. H. Il y a pourtant de nombreux cas où il est indispensable d'employer des appareils plus simples ou plus solides.

Nous allons examiner successivement un certain nombre de cas et nous verrons quels sont les apparcils qui conviennent pour chacun d'eux

Dans les cercles, les salles de réunion, les hôtels, les châlets de nécessité, la serrure G. H. convient à tous égards.

Pour les hôpitaux et les asiles d'aliénés, la serrure peut être remplacée par un

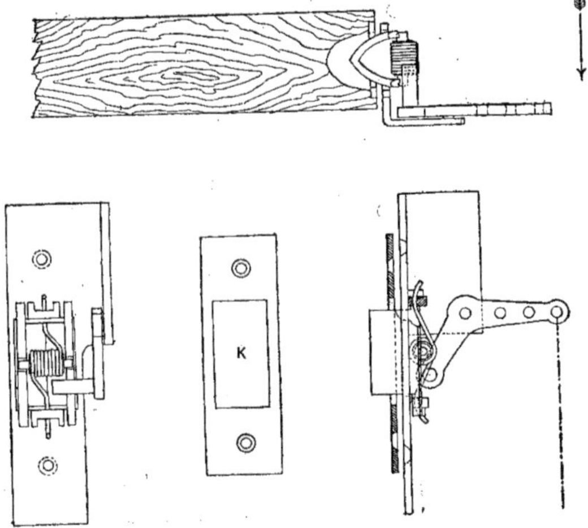

Fig. 80, 81, 82 et 83.— Arrêts à ressort pour cabinets d'aisances dans les asiles d'aliénés et les hôpitaux.

arrêt à ressort qui se compose d'un pêne double dont les rebords latéraux sont prolongés en forme d'axe. Ce pêne pénètre dans la fenêtre d'une platine. Les axes prennent appui sur les bords de la fenêtre. Un tambour, muni de deux portées qui pénètrent dans des encoches pratiquées sur les rebords latéraux du pêne double. Un ressort à boudin dont les extrémités s'engagent dans les trous de la platine maintient le pêne. Un levier d'équerre, prenant appui sur la platine, est muni d'un œil dans lequel passe un fil de fer communiquant avec l'appareil de chasse par l'intermédiaire d'un renvoi de mouvement.

Une gâche K, consistant en une plaque percée d'une fenêtre rectangulaire destinée à recevoir le pêne double, forme la contre-partie du système.

La gâche se fixe sur la porte du water-closet; l'autre partie, sur le bâtis dormant de la porte au moyen de vis.

Supposons qu'on ouvre la porte dans le sens indiqué par la flèche; la gâche appuie sur le pêne double et le force à s'effacer; ce pêne oscille alors autour des axes; son rebord latéral pousse le doigt du levier d'équerre; le levier oscille; par l'intermédiaire des pièces qui le relient au réservoir, il agit sur le levier de ce réservoir et la cloche est soulevée. Quand la gâche a échappé le pêne, celui-ci revient à sa position primitive, sollicité par le ressort à boudin.

La cloche du réservoir, n'étant plus maintenue en l'air, retombe par son poids et le réservoir de chasse est amorcé.

Quand on referme la porte, le pêne double s'efface à nouveau en oscillant autour de l'axe, mais n'agit plus sur le levier d'équerre; il rentre ensuite dans le logement qui lui est réservé dans la gâche.

Le réservoir est donc actionné quand on ouvre la porte, mais non quand on la ferme.

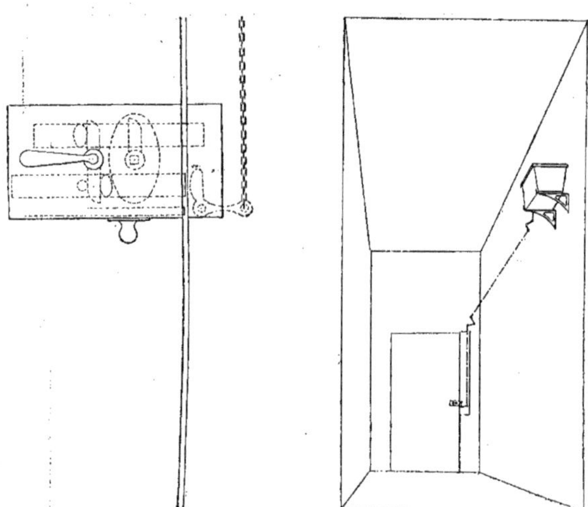

Fig. 84 et 85.— Tracé schématique d'un appareil de chasse à tirage actionné par le mouvement d'une porte.

Ce système est simple et n'exige pas d'exécution soignée; son fonctionnement est par cela même assuré.

Dans les écoles, les lycées, les gares de chemin de fer, les ateliers, les théâtres, les cafés, on emploie la serrure G. H. en remplaçant le bec-de-cane par une forte poignée en fer forgé, guidée dans une coulisse en fer boulonnée sur la porte.

Dans les casernes et dans certaines écoles où les portes des cabinets d'aisances ne sont fermées qu'au loquet seulement, on fait fonctionner l'appareil de chasse par le mouvement d'un levier placé intérieurement sur lequel on est forcé d'appuyer pour sortir. Ce levier n'est pas apparent à l'extérieur.

Les figures 84 et 85 montrent un tracé schématique d'un appareil de chasse actionné par l'ouverture d'une porte. Les fils de transmissions peuvent être cachés dans des rainures pratiquées dans les murs ou être recouverts par des gaines fixées sur les parois.

Nous avons également construit des appareils destinés à faire fonctionner l'appareil de chasse par le mouvement d'une pédale (*fig.* 86).

Dans ce dispositif, une boîte, fixée sur le côté du réservoir de chasse, contient un

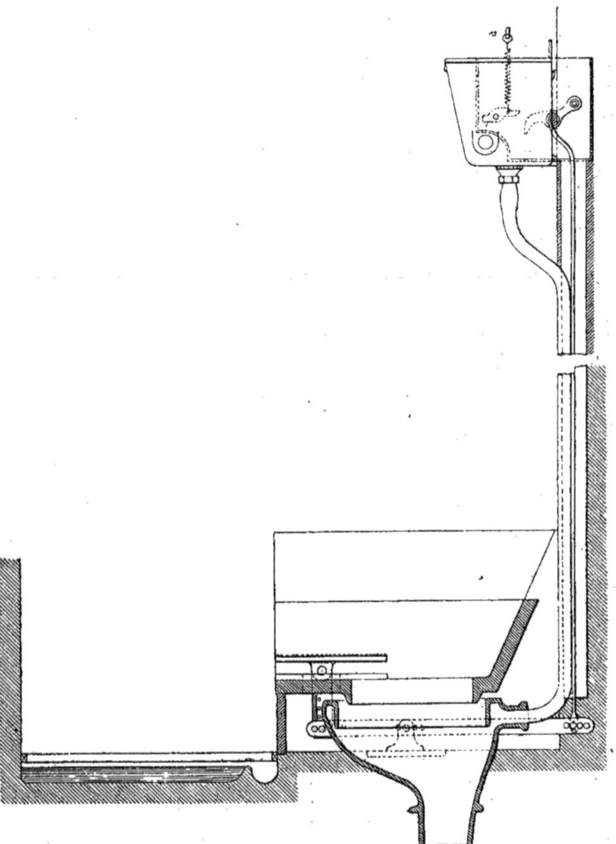

Fig. 86. — Appareil de chasse à tirage fonctionnant par le mouvement d'une pédale.

taquet mobile autour d'un axe et terminé par un bec d'arrêt articulé. Ce taquet est relié au levier du réservoir par un ressort, un buttoir limite la course du taquet. Un levier ayant son extrémité en forme de came et portant un axe, auquel vient se fixer une tringle rigide, qui descend le long du mur du cabinet et se relie par son extrémité inférieure à un levier horizontal dont l'autre extrémité est reliée à la pédale.

Quand on appuie sur la pédale, la tringle remonte le levier, soulève le bec à arrêt du taquet qui retombe de suite et se trouve, par conséquent, au-dessous de l'extrémité du levier. Quand on n'appuie plus sur la pédale, la tringle redescend par son poids; le levier suit le mouvement de la tringle, appuie sur le bec à arrêt du taquet; le siphon à cloche du réservoir est soulevé, puis le taquet échappe le levier et le siphon à cloche retombe en entraînant le taquet qui se relève. L'appareil de chasse est amorcé.

d. Siphons de chasses automatiques (Système Geneste, Herscher et Carette, brev. s. g. d. g.) pour le lavage des égouts, tuyaux collecteurs, closets, urinoirs publics et particuliers, etc. — Le lavage des latrines publiques exige des conditions toutes particulières. Les appareils de chasse à tirage doivent alors être remplacés par des appareils automatiques variés.

Appareils sans mécanisme effectuant des chasses d'eau intermittentes, à intervalles facultatifs, au moyen d'un siphon à amorçage automatique par cataracte instantanée. — L'emploi judicieux et approprié d'une certaine quantité d'eau est un des éléments indispensables de l'assainissement des habitations, des établissements publics et des villes. En général, on dispose de quantités d'eau limitées dont l'écoulement régulier ne produirait aucun effet utile appréciable. On est amené tout naturellement à emmagasiner l'eau dans des réservoirs et à la dépenser rapidement à des intervalles réglés. Cette disposition présente l'avantage d'être efficace et économique.

Même lorqu'on dispose d'eau en abondance, si le régime d'écoulement est permanent, les radiers peuvent se couvrir de dépôts et une partie des matières en suspension dans le liquide viennent s'attacher aux parois des conduites. Il est donc également nécessaire, dans ce cas, de recourir à des réservoirs dont les chasses périodiques entraînent les dépôts et lavent énergiquement les parois.

Dans tous les cas, quelle que soit la quantité d'eau disponible, les lavages intermittents sont indispensables. C'est ce qui explique la grande variété des appareils de chasse d'eau imaginés depuis quelques années.

Parmi ces appareils, il convient de faire un choix. Il faut d'abord rejeter tous ceux munis d'organes mobiles toujours exposés à des dérangements et à des détériorations.

Un des points les plus importants dans un appareil de chasse à siphon est le procédé d'amorçage. Il est essentiel, en effet, que, dès le début, l'écoulement se fasse à pleine section, de manière à éviter le débit en pure perte d'une partie de l'eau du réservoir de chasse.

Lorsque le réservoir est alimenté par un filet d'eau d'une section comparable au diamètre du siphon, l'amorçage peut s'obtenir directement, sans grandes difficultés. Mais il n'en est pas toujours ainsi, et même, le plus souvent, l'alimentation se fait par un mince filet d'eau. Dans ce dernier cas, l'eau du réservoir, lorsqu'elle atteint un certain niveau, commence à se déverser dans la longue branche du siphon, sans déterminer immédiatement l'écoulement à pleine section, qui est le résultat à obtenir; cet inconvénient peut devenir très prononcé, si le rebord du siphon à sa partie supérieure n'est pas dans un plan rigoureusement horizontal. D'un autre côté, l'amorçage peut encore être retardé par la difficulté d'expulser instantanément, au moment opportun, l'air contenu dans le siphon.

Ces inconvénients se présentent, à un degré plus ou moins prononcé, dans les différents appareils à siphon en usage jusqu'ici. Prenons, par exemple, les appareils du type Field, dans lesquels l'amorçage se fait par le procédé de la trompe d'eau. Dans le but de faciliter la formation de la trompe, la partie supérieure de la grande branche du siphon a été munie d'un ajutage conique rentrant (*fig.* 87). Mais, comme il est facile de s'en assurer, l'amorçage ne peut se faire régulièrement qu'autant que l'arête du biseau de cet ajutage est bien tranchante et qu'elle se trouve établie dans un plan bien

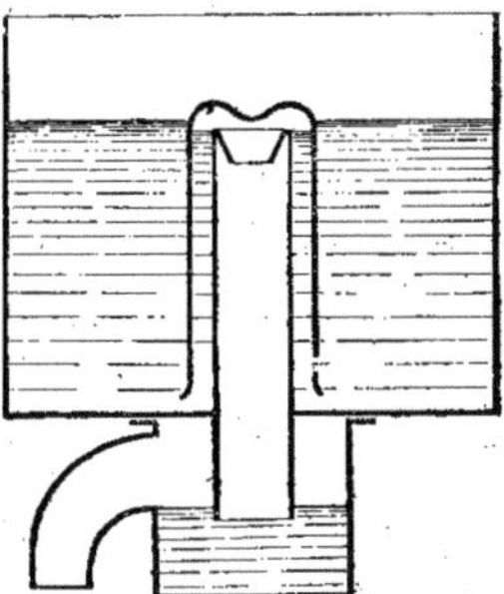

Fig. 87. — Réservoir de chasse automatique (système Field).

horizontal. Cette disposition, qui est d'une très grande simplicité, exige donc une très grande précision dans l'exécution et dans la pose. Il est évident, d'ailleurs, que, en supposant même la pose bien faite, il suffit d'un simple tassement dans la maçonnerie

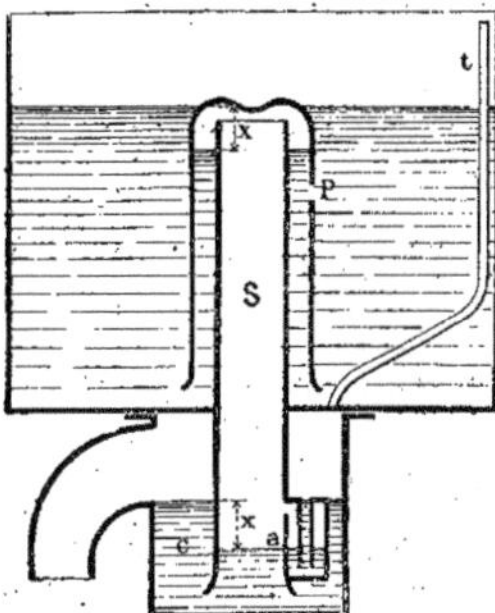

Fig. 88. — Réservoir de chasse automatique (système Geneste, Herscher et Carette).

qui supporte le réservoir, pour produire un léger devers du rebord et rendre ainsi le fonctionnement de l'appareil imparfait.

C'est pour se mettre à l'abri de ces causes d'irrégularité que nous avons étudié la nouvelle disposition de siphon automatique représentée par la figure 88.

Dans cet appareil, on utilise, pour l'amorçage, la compression et la détente, en temps utiles, de l'air enfermé dans le siphon. La compression de l'air résulte de l'alimentation même du réservoir; lorsqu'elle atteint une valeur déterminée, il se produit automatiquement un échappement d'air et, par suite, une détente brusque, qui provoque instantanément l'amorçage.

L'appareil ne comporte aucun mécanisme et fonctionne sûrement, quel que soit le mode de remplissage du réservoir, et à des intervalles plus ou moins rapprochés, qu'on fait varier à volonté, en modifiant le débit d'un robinet placé sur la conduite qui amène l'eau dans le réservoir.

Les conditions auxquelles les appareils automatiques de chasse d'eau doivent satisfaire sont les suivantes :

1° L'amorçage doit être instantané, afin d'éviter la dépense en pure perte d'une partie de l'eau destinée au lavage;

2° L'amorçage doit, en outre, être indépendant du régime d'alimentation des réservoirs de chasse, afin que, même avec une alimentation variable ou lente, le fonctionnement du siphon reste assuré;

3° Les appareils d'amorçage, comme les siphons eux-mêmes, doivent être d'une construction simple et robuste et présenter des passages non susceptibles d'obstruction; les appareils offrent ainsi les garanties de durée nécessaires et peuvent fonctionner même avec des eaux impures chargées de matières en suspension;

4° Éviter les pièces mobiles, l'emploi de celle-ci causant toujours, au bout d'un certain temps, des dérangements ou des détériorations;

5° Dans la pose des siphons, éviter toute obligation de précision ou de réglage exceptionnel, afin que l'installation de l'appareil puisse toujours être effectuée par un ouvrier ordinaire;

6° Éviter les rentrées d'air dans les siphons pendant les chasses; ces rentrées d'air nuisant au débit et pouvant même arrêter l'écoulement;

7° Le désamorçage normal et le rétablissement de la pression atmosphérique dans les siphons doivent se produire très rapidement; sinon, après une chasse, dans le cas d'une alimentation abondante, on observe fréquemment un écoulement continu en déversoir;

8° Le rétablissement de la pression atmosphérique dans les siphons doit pouvoir s'effectuer sûrement, même avec des conduites noyées ou présentant des obturations siphoïdes;

9° Les inondations susceptibles de se produire à l'aval, soit à la suite d'orages, de barrages ou pour toute autre cause, ne doivent pas non plus dérégler les siphons; le fonctionnement normal doit reprendre dès que les eaux se retirent.

L'appareil automatique de chasse d'eau du système Geneste, Herscher et Carette satisfait à toutes les conditions énumérées ci-dessus.

Ramené à sa plus simple expression, il se compose d'un siphon à cloche dont la longue branche plonge d'une hauteur déterminée dans une retenue d'eau.

A l'extérieur de ladite branche, et en communication avec elle, se trouve le dispositif de détente que nous appelons *détendeur pneumatique*, toujours immergé et, par suite, toujours en état de fonctionnement.

L'ensemble de l'appareil s'inspire des principes de la Fontaine de Héron; l'amorçage résulte de la combinaison appropriée des actions suivantes :

Compression de l'air enfermé dans le siphon;

Transmission de la pression par l'intermédiaire du fluide emprisonné;

Dénivellation dans les deux branches du siphon;

Détente brusque de l'air comprimé qui s'échappe et suppression de toute dénivellation.

Ces diverses actions sont répétées autant de fois qu'il est nécessaire jusqu'au moment de la détente finale qui provoque l'amorçage instantané de l'appareil.

Les compressions et détentes successives ont pour but d'éviter les rentrées d'air dans le siphon pendant la chasse, tout en limitant à une hauteur voulue l'immersion de la longue branche de l'appareil.

Lorsque l'on a déterminé par le calcul le point de départ de la première compression on perce en ce point, sur la courte branche du siphon, un trou O. Cette ouverture O peut, sans inconvénient, avoir un diamètre suffisant pour éviter les chances d'obstruction; ses dimensions ne nuisent pas au débit du siphon, puisque ladite ouverture se trouvant au bas de la cloche, il ne se produit pas de rentrée d'air avant la fin de la chasse.

Lorsque l'eau du réservoir de chasse vient fermer l'orifice O, l'air emprisonné dans le siphon se comprime et, lorsque la compression atteint sa valeur limite, un échappement d'air se produit par le détendeur, la suppression et les dénivellations disparaissent à la fois et, au même moment, la pression atmosphérique se trouve rétablie dans le siphon; — puis une nouvelle compression commence, les mêmes phénomènes se reproduisent et, lorsque le niveau extérieur de l'eau atteint le sommet de la cloche du siphon, la détente finale a lieu; l'eau du réservoir déborde en cataracte, dans la longue branche du siphon et produit instantanément l'amorçage.

Ce procédé, ne dépendant nullement de l'importance du débit d'alimentation et n'exigeant aucun écoulement d'eau anticipé, permet d'obtenir l'amorçage instantaté, même par une alimentation *goutte à goutte*.

La garde du siphon à laquelle nous donnons, et cela sans inconvénient, une hauteur plus que suffisante, permet de compter sur un fonctionnement assuré, sans exiger de précautions particulières dans la pose de l'appareil.

Remarquons qu'il est possible d'obtenir l'amorçage instantané à l'aide d'une compression et d'une détente unique; mais dans ce cas, le trou O se trouvant reporté vers le haut de la cloche, l'ouverture ainsi pratiquée donne lieu aux imperfections suivantes :

Si l'ouverture est grande, l'air rentre dans le siphon pendant la chasse, au détriment du volume d'eau débité;

Si, au contraire, l'ouverture est petite, elle rend très lent le rétablissement de la pression atmosphérique dans le siphon après la chasse et même, lorsque l'alimentation est très abondante, l'appareil peut se déranger. Dans tous les cas, l'eau, restant à la fin de la chasse dans la longue branche du siphon, s'écoule lentement sans utilisation. D'autre part, le petit orifice peut facilement se boucher et le fonctionnement normal du siphon n'a plus lieu.

Cependant, pour les petits appareils, à la condition de garantir le trou contre les chances d'obturation et d'éviter l'alimentation à débit excessif, le système de la compression unique peut être souvent employé.

Les appareils de petites dimensions, employés dans les habitations particulières pour le lavage des urinoirs, des cuvettes de cabinets d'aisances, etc., sont ordinairement établis dans des réservoirs en tôle ou en fonte. Dans ce cas, on adopte la disposition de la figure 88. La cloche est, comme on le voit, simplement percée, à hauteur convenable, d'un petit trou recouvert d'une crépine à mailles très fines, qui a pour but de retenir les impuretés contenues accidentellement dans l'eau. Le tube *t* a pour but de laisser rentrer l'air dans la cuvette de retenue, à la fin de la chasse, et de rétablir ainsi rapidement la pression atmosphérique dans cette cuvette. Cet appareil, comme le précédent, est d'une installation très facile; il n'exige aucune précaution spéciale pour la pose et n'est exposé à aucun dérangement pendant sa marche.

Nous construisons plusieurs types de petits appareils de chasse d'eau fonctionnant automatiquement :

1° Le type AB (*fig.* 89), qui comporte un réservoir en fonte avec cuvette de retenue également en fonte. Le siphon, le tube d'air et le raccord de départ sont en cuivre. Nous avons réservé sur tous ces appareils une portée permettant d'y adapter un raccord

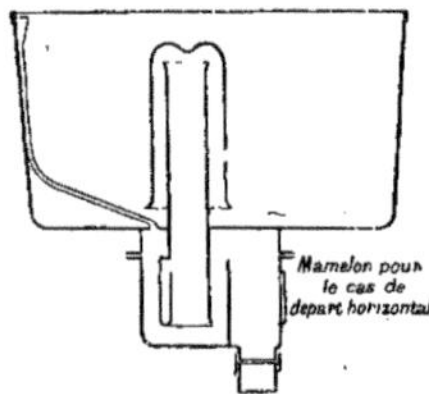

Fig. 89. — Réservoir automatique, type AB.

courbe, dans le cas où le tuyau de départ doit être horizontal ou légèrement incliné. Ces appareils sont surtout utilisés pour le lavage des cuvettes des cabinets d'aisances, pour les vidoirs, lavabos et les petites conduites diverses servant à l'écoulement des eaux-vannes;

2° Le type AC (*fig.* 90), composé des mêmes organes que le type AB, mais possédant en plus un tube régulateur permettant d'utiliser l'appareil pour l'alimentation de rampe à petits orifices ou à écoulements lents ou noyés, comme dans les urinoirs par exemple.

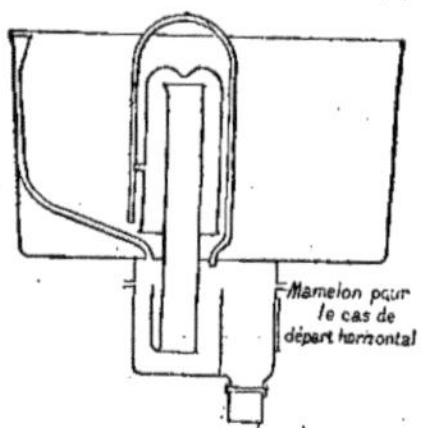

Fig. 90. — Réservoir automatique, type AC.

Les figures 91 et 92 montrent l'application de l'appareil AC aux urinoirs à grande surface;

3° Le type AA (*fig.* 93), qui comporte un réservoir en tôle galvanisée, un siphon à cloche, un tube d'air et un raccord de départ en cuivre.

Lorsque le réservoir a de grandes dimensions, c'est-à-dire quand il contient plus de 100 litres, le siphon à cloche et la cuvette de retenue sont en fonte.

Les appareils du type AA sont employés pour le lavage des latrines, les collecteurs de sièges, le lavage des tuyaux de chute, les canalisations d'eaux-vannes. Ces

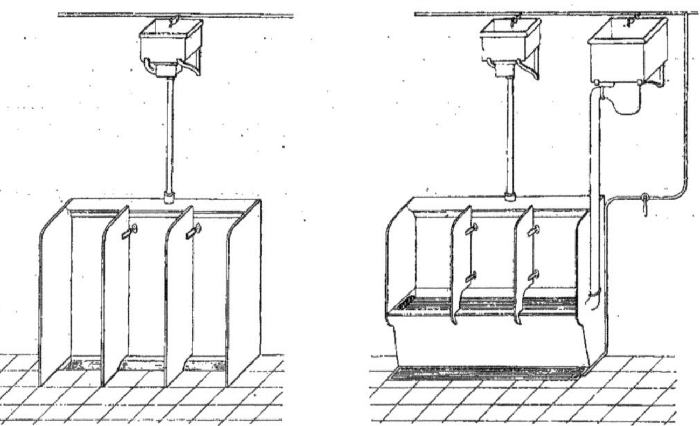

Fig. 91 et 92. — Applications des réservoirs de chasse automatique aux urinoirs.

réservoirs peuvent être construits de formes diverses, suivant les emplacements qu'ils doivent occuper.

4° Le type AJ semblable au type AA, avec addition d'un tube régulateur. L'appareil

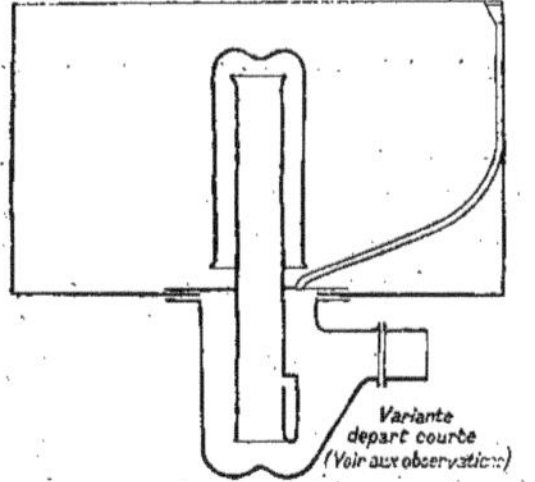

Fig. 93. — Réservoir de chasse automatique, type AA.

AJ est employé pour le lavage des canalisations noyées, pour l'alimentation de tuyaux à écoulements lents ou à petits orifices.

Quoique les organes composant les appareils automatiques soient simples et résistants, il est bon cependant d'éviter que des corps étrangers ne pénètrent dans le réservoir, et nous conseillons de prendre et de poser ces appareils munis de leurs couvercles.

Pour la première mise en service des appareils automatiques, il faut avant tout remplir d'eau la cuvette inférieure; le remplissage se fait très facilement par le petit tube d'air.

L'alimentation des réservoirs de chasses automatiques se fait au moyen de robinets réglables avec capuchon de sûreté empêchant de toucher à la clé (*fig.* 94). Ils peuvent aussi être alimentés par un robinet d'arrêt (*fig.* 95), disposé pour servir en même temps de robinet de réglage. Une vis conique sur laquelle on a ménagé une rainure ou un plat, permet d'obtenir très facilement le débit voulu. Cette vis est complètement inaccessible, il faut démonter le robinet pour pouvoir y toucher.

INSTALLATION DES CABINETS D'AISANCES POUR HABITATIONS COLLECTIVES. — Avant de passer au chapitre III dans lequel nous ne parlerons que des appareils utilisés pour

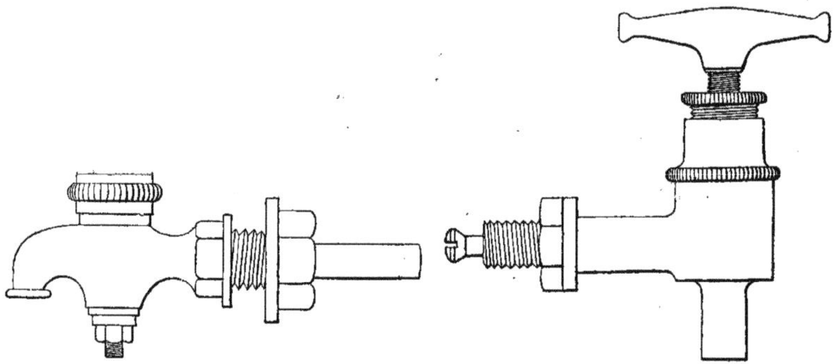

Fig. 94 et 95. — Robinets de réglage pour alimentation des réservoirs automatiques.

l'assainissement des villes, nous allons décrire et donner quelques croquis de divers types d'installations de water-closets pour habitations collectives.

La figure 96 représente un type de cabinet à usages communs pouvant être installé dans un cercle, une salle de réunion, un hôtel, un café, etc., c'est-à-dire dans un établissement où il existe une certaine surveillance et où des soins de propreté sont donnés plusieurs fois par jour pour assurer le bon état des appareils. Le dessus de siège, qui est figuré en lave peut être remplacé par un dessus de siège en grès ou en verre. La cuvette est lavée par un appareil de chasse à tirage fonctionnant au moyen d'une chaîne ; le terrasson placé devant le siège est lavé par un second réservoir fonctionnant automatiquement.

Les figures 97 et 98 représentent un type de cabinet à peu près semblable au précédent. La cuvette et le terrasson sont lavés par un réservoir à tirage fonctionnant par l'ouverture de la porte; les liquides contenus dans le terrasson sont évacués par un siphon qui se jette dans le tuyau de chute.

La figure 99 donne la disposition d'un cabinet commun avec dessus de siège en

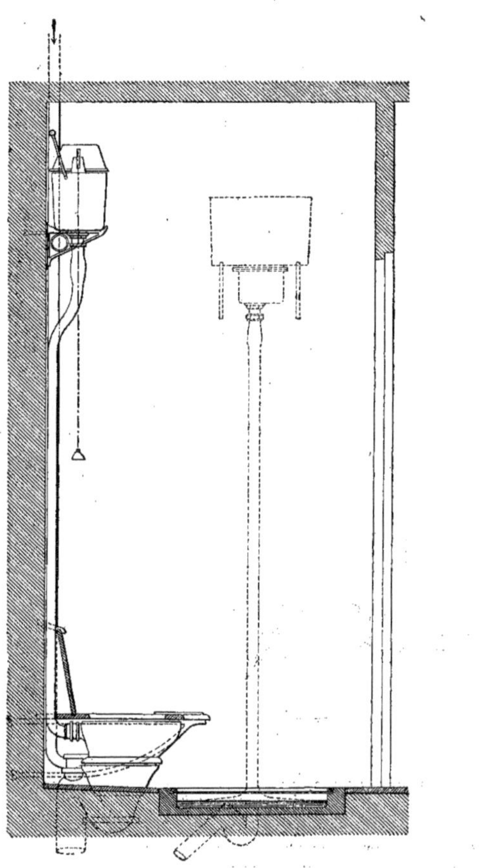

Fig. 96. — Cabinet à usage commun pour hôtels, salles de réunion, cafés, cercles, etc.

grès et appareil de chasse automatique pour le lavage de la cuvette et du terrasson. Les liquides du terrasson sont évacués directement par la cuvette munie de sa goulotte. Ce type de cabinet peut être employé dans des endroits très fréquentés : dans les

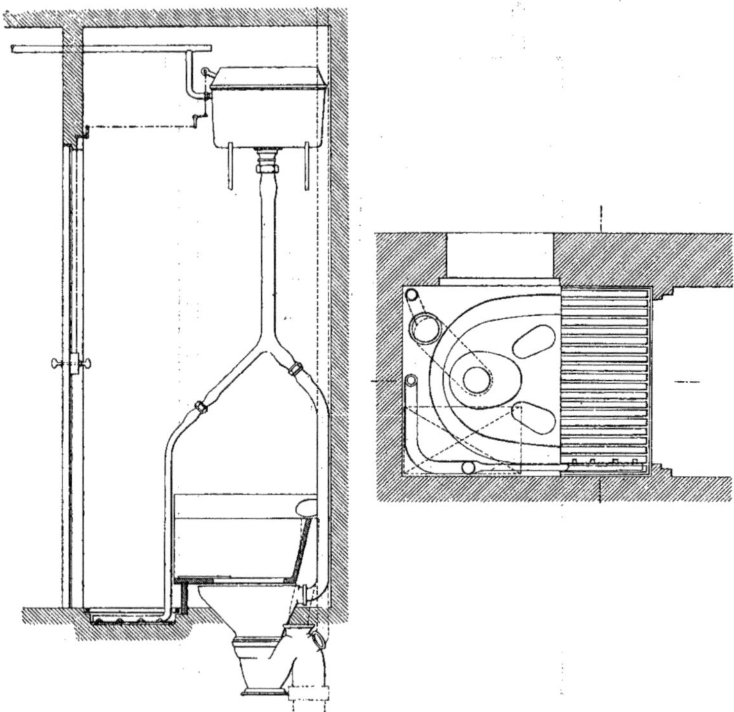

Fig. 97 et 98. — Plan et élévation d'un cabinet d'aisances avec réservoir à tirage fonctionnant par le mouvement de la porte.

casernes, les lycées ou écoles au moment des récréations, les gares de chemins de fer au moment des passages des trains, etc.

Les figures 100 et 101 montrent une disposition de trois water-closets se jetant dans une même canalisation. Des appareils de chasse à tirage, pouvant fonctionner soit à la main, soit par le mouvement d'une porte, lavent les cuvettes ; un appareil automatique renouvelle l'eau des trois terrassons.

Les figures 101 et 102 représentent un groupe de water-closets pour école de jeunes filles. Chacun des cabinets se compose d'une cuvette en porcelaine recouverte d'une rondelle en ébonitoïde. Un appareil de chasse fonctionnant par la porte assure le lavage de

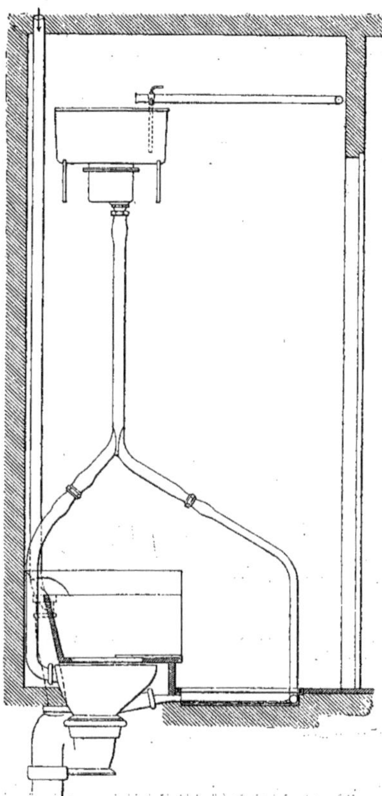

Fig. 99. — Cabinet d'aisances avec réservoir de chasse automatique et terrasson en fonte émaillée.

la cuvette et de son siphon. Un des cabinets est réservé pour les maîtresses. On a placé dans ce cabinet un réservoir de chasses automatiques qui lave une fois par jour la canalisation d'évacuation.

Les différentes installations que nous venons de voir peuvent être appliquées dans les hospices et dans les hôpitaux. Mais, dans ces établissements, il est nécessaire de prendre des précautions spéciales en vue d'empêcher les liquides de séjourner dans le sol et d'y pénétrer. Plusieurs grandes administrations hospitalières n'ont pas hésité à faire installer des water-closets pourvus de tous nos appareils et à faire placer dans chaque cabinet, des caniveaux en verre posés sur terrasson en plomb. Dans certaines

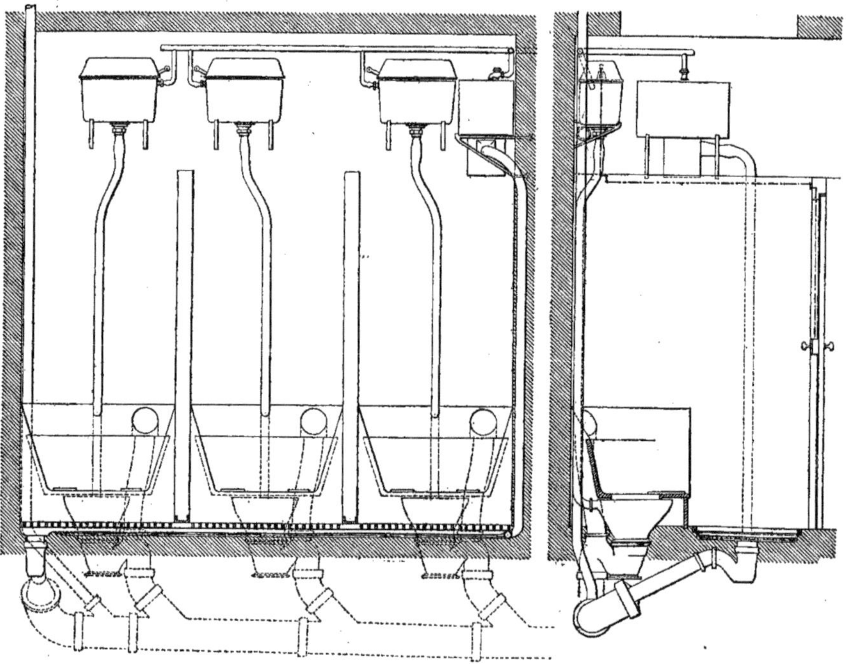

Fig. 100 et 101. — Élévation et coupe d'un groupe de cabinets d'aisances pour ateliers, lycées, écoles, etc.

installations les murs eux-mêmes ont été recouverts d'épaisses plaques de verre. Dans d'autres installations le sol et les murs sont recouverts de carreaux céramiques ou de dalles en lave émaillée.

Appareil a stériliser les déjections. — Dans les hôpitaux, il est quelquefois nécessaire de désinfecter les matières excrémentitielles avant de les évacuer à l'égout; nous avons construit, sur les indications de M. le Dr Napias, un petit appareil (*fig.* 104) qui permet l'écoulement d'une certaine quantité de liquide désinfectant chaque fois que fonctionne l'appareil de chasse destiné à nettoyer la cuvette. Cet appareil se compose d'un réservoir B contenant le liquide désinfectant ; une petite capacité C, mise en communication avec le réservoir par un petit trou recouvert d'une toile métallique, règle la quantité de liquide qui doit être entraînée à chaque chasse. Un tube *d* met le petit récipient en communication avec l'atmosphère, un siphon *e* part du fond de ce petit réservoir et se branche sur le tuyau réunissant la cuvette à l'appareil de chasse d'eau. Chaque fois que l'appareil de chasse fonctionne, la succion produite par l'écoulement de l'eau dans le tuyau amorce le petit siphon *e* et le liquide contenu dans le réci-

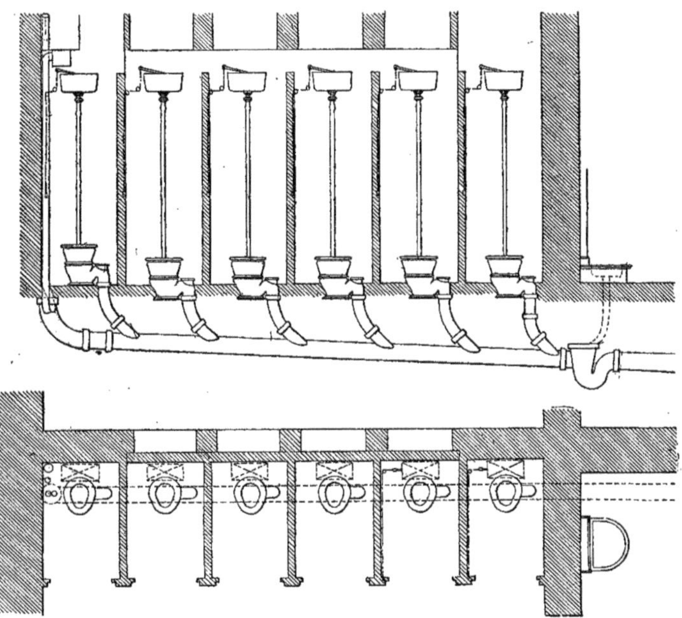

Fig. 102 et 103. — Plan et élévation d'un groupe de cabinets d'aisances pour lycée de jeunes filles.

pient inférieur *c* s'écoule. Le petit trou qui met le récipient inférieur en communication avec le réservoir B est d'un diamètre tel qu'il ne permet le remplissage du récipient *c* que très lentement ; l'écoulement du liquide se faisant très rapidement par le siphon *e* dès que le niveau baisse jusqu'à l'entrée du siphon, l'air venu de l'extérieur par le tube *d* est entraîné par le liquide et désamorce le siphon. Le récipient se remplit tout doucement et l'entraînement se produit de nouveau quand une autre chasse a lieu. On remarque dans le fonctionnement de cet appareil que l'écoulement du liquide désinfectant a lieu dès que l'eau de la chasse est entièrement passée dans le tuyau, c'est-à-dire quand la cuvette est nettoyée. Le liquide antiseptique séjourne par conséquent dans la cuvette et désinfecte les déjections avant qu'elles soient évacuées par la chasse d'eau.

Latrines publiques. — Les latrines publiques sont généralement installées dans

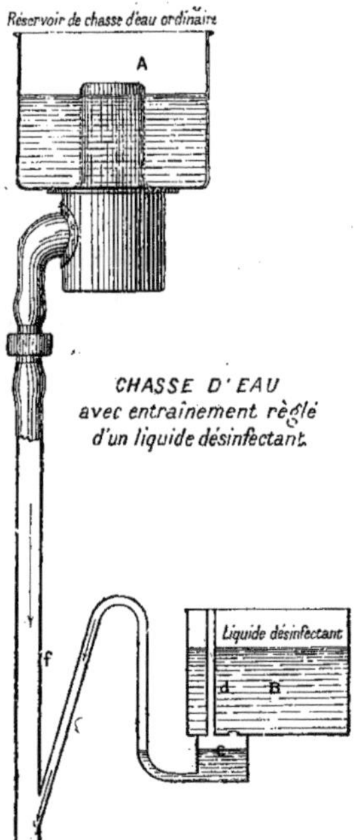

Fig. 104. — Appareil à stériliser les matières usées, notamment les déjections.

des endroits écartés et l'entretien en est souvent négligé. C'est là surtout qu'il faut rechercher des dispositions propres à empêcher les obstructions et à mettre, en outre, les appareils à l'abri des détériorations. Les figures 105 et 106 montrent comment on peut obtenir ces résultats ; un collecteur en grès contenant de l'eau reçoit les matières solides et une partie des liquides qui sont immédiatement dilués ; une chasse automatique très puissante renouvelle fréquemment l'eau du collecteur ainsi que l'eau contenue dans le terrasson placé devant les sièges.

Dans certains établissements publics tels que lycées, écoles, casernes, nous avons

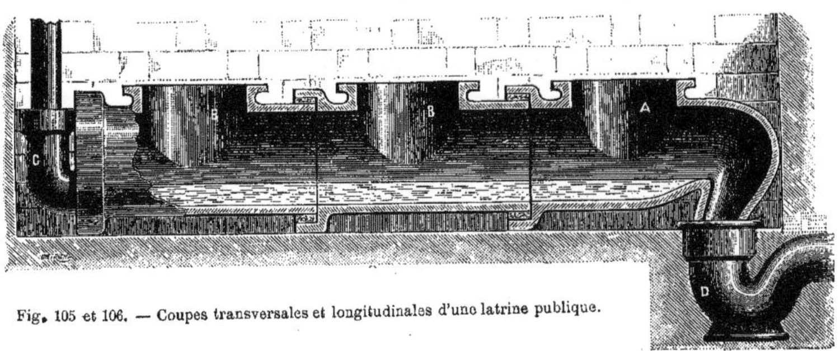

Fig. 105 et 106. — Coupes transversales et longitudinales d'une latrine publique.

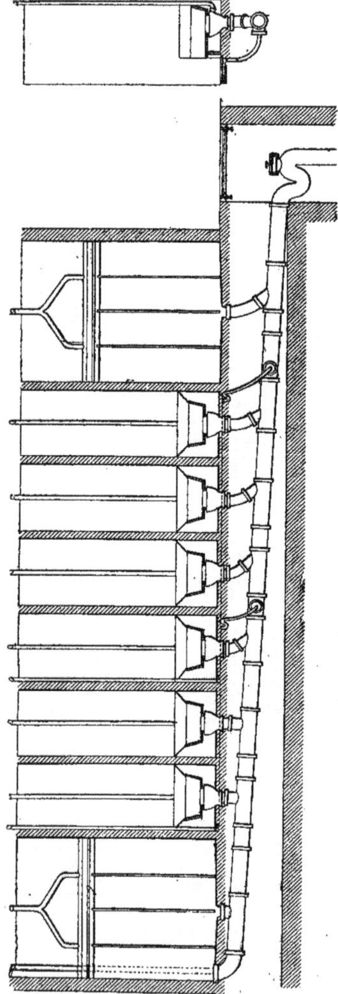

Fig. 107 et 108. — Latrines publiques (groupe installé dans la section Égyptienne rue du Caire, à l'Exposition universelle).

installé un autre type de latrines qui consiste à substituer au collecteur avec retenue d'eau, un tuyau en grès de petit diamètre dans lequel vient se jeter un certain nombre de cuvettes montées sans siphons. Chaque cuvette est lavée par un réservoir de chasse automatique placé assez haut pour qu'il soit impossible d'y atteindre; un appareil

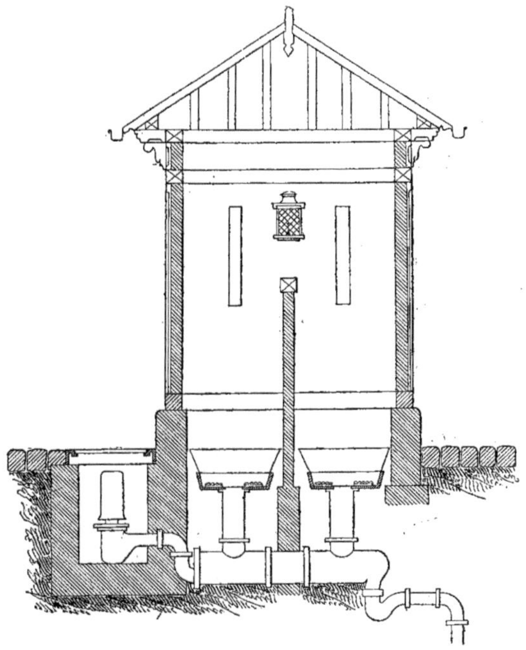

Fig. 109. — Latrines installées sur les quais de la ville de Rouen.

de chasse placé à l'extrémité de la conduite d'évacuation lave une ou deux fois par jour cette dernière.

h. Siphon dilueur. — Notre maison construit également un appareil auquel nous avons donné le nom de *siphon dilueur*. Il est destiné à isoler complètement un local habité quelconque de l'égout public tout en permettant, comme dans le système du tout à l'égout, l'éloignement rapide des matières usées, et cela dans les cas où l'égout n'est pas disposé pour recevoir de suite la totalité des matières que le tout à l'égout doit y déverser. Cet appareil permet de supprimer les fosses fixes et les tinettes avec leurs nombreux inconvénients, et de ne laisser écouler à l'égout que des matières diluées dans une certaine quantité d'eau propre, renouvelée plusieurs fois par jour.

Dans les villes nombreuses où l'eau ne peut pas être distribuée dans tous les étages d'une maison et où le réseau d'évacuation des eaux-vannes ne permet pas d'appliquer l'écoulement immédiat à l'égout, notre siphon dilueur est appelé à rendre de grands services en ce qu'il supprime la stagnation des matières fermentescibles, qu'il assure une large dilution de ces matières et leur écoulement rapide, en même temps que les habitations sont garanties contre tout retour de mauvaises odeurs. Lorsque les maisons se trouvent, à un moment donné, pourvues d'eau à tous les étages et que le réseau d'égout se trouve complété de manière à pouvoir appliquer le tout à l'égout pur et simple, il suffit de remplacer notre siphon dilueur par un simple raccord à la canalisation nouvelle; cette substitution définitive n'est ni coûteuse, ni difficile.

Notre appareil est disposé de la manière suivante :

Les matières arrivent, par la tubulure A, dans la capacité C où elles se diluent dans le liquide que contient l'appareil ; le trop-plein de ce liquide se déverse par la branche de sortie B pour se rendre au collecteur. Les branches d'entrée et de sortie sont dispo-

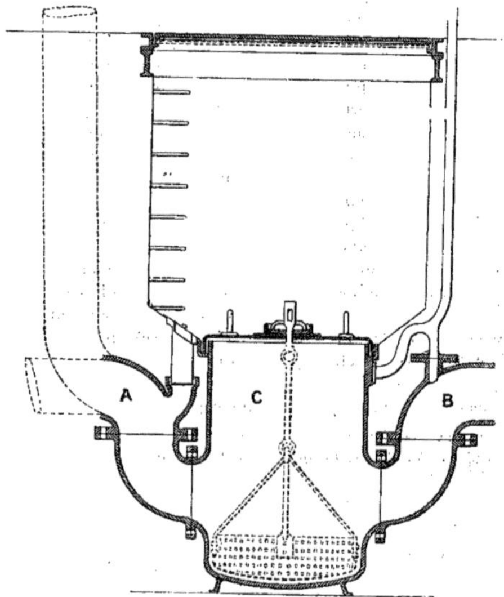

Fig. 110 — Siphon dilueur pour bas de chutes, système breveté Geneste et Herscher, permettant de supprimer immédiatement les fosses fixes et les tinettes, même là où l'eau ne monte pas dans les étages.

Dilution instantanée des eaux-vannes; évacuation rapide par le renouvellement automatique de l'eau du récipient.

Occlusion hydraulique préservant la maison contre toute communication directe avec le collecteur public d'écoulement.

sées de telle façon que le liquide fasse obturation hydraulique (*fig.* 110), et les mauvaises odeurs ne peuvent remonter de l'appareil dans le tuyau de chute.

Un réservoir de chasse d'eau renouvelle le liquide du siphon à intervalles réguliers espacés à volonté ; ce renouvellement du liquide active puissamment la dilution des matières.

La branche d'arrivée des matières se termine par une bride horizontale sur laquelle on peut fixer directement le tuyau de chute ; on peut également y mettre des coudes pouvant être orientés dans une direction quelconque. Une tubulure fermée par un tampon est ménagée sur cette branche d'arrivée.

La poche d'arrêt renferme un panier percé de trous et muni d'une tige ; dans ce panier se rassemblent les objets lourds et insolubles ; la partie supérieure de la poche est fermée par un couvercle à joint hermétique qui peut s'enlever facilement pour permettre la sortie du panier.

La tige du panier traverse le couvercle par une ouverture ménagée à cet effet ; une rondelle en métal, doublée de caoutchouc, forme joint.

La poche d'arrêt porte également une tubulure que l'on raccorde à un tuyau de ventilation.

La branche de sortie des matières se rattache à la poche d'arrêt en un point situé au-dessous du niveau du liquide dans l'appareil. Grâce à cette disposition, les matières nouvellement arrivées ne peuvent être évacuées qu'après dilution.

La branche de sortie des matières est formée de deux pièces réunies par une bride horizontale ; on a ainsi toute facilité pour orienter convenablement la pièce supérieure.

Nous avons signalé le même avantage pour la branche d'arrivée ; il en résulte que la pose de l'appareil n'offre aucune difficulté et qu'on peut le disposer commodément dans les emplacements restreints.

La pièce supérieure de la branche de sortie est surmontée d'un regard de ventilation ; un tuyau fait communiquer ce regard avec la poche d'arrêt. On voit qu'il y a communication entre la chambre supérieure de la poche d'arrêt et la sortie il en résulte qu'il ne peut y avoir de différence de pression dans ces deux capacités et que les dépressions qui pourraient se produire par suite d'un écoulement de liquide en aval de l'appareil sont sans effet sur cet appareil.

Disons enfin que l'on peut disposer sur la poche d'arrêt autant de branches d'arrivée des matières qu'il convient.

Le siphon dilueur à poche d'arrêt, outre l'application dans les villes où l'écoulement direct à l'égout et aux collecteurs publics n'est pas autorisé, et où l'on tolère cependant l'usage des tinettes et même des fosses d'aisances à déversoirs, nous paraît encore propre à rendre de grands services dans les prisons cellulaires. On peut en effet éviter toutes chances de communications orales entre les prisonniers, en faisant aboutir les orifices inférieurs des tuyaux de chute au-dessous du niveau du liquide.

Dans les tinettes et les fosses à déversoirs, la quantité d'eau à jeter dans les cabinets d'aisances n'est pas restreinte comme dans les fosses fixes ; mais là encore, il y a accumulation, séjour et fermentation des matières constituant un foyer d'infection.

Les petites dimensions de notre siphon à poche d'arrêt ne permettent pas le séjour des matières dont la dilution rapide est cependant assurée par des chasses d'eau fréquentes. La disposition qui permet d'orienter à volonté les branches d'arrivée et de sortie de ce siphon facilite beaucoup les installations.

On peut disposer le siphon à poche d'arrêt au bas de la maison, dans une chambre exempte en elle-même de chances d'infection, mais qu'il est toujours préférable de mettre en relation d'une manière quelconque avec l'extérieur.

Le petit volume de l'appareil donne d'ailleurs toute facilité pour le placer en dehors de l'habitation dans une chambre aménagée à cet effet sous le trottoir, complètement indépendante de la maison. Pour dernière application, on peut même au besoin installer le réservoir de chasse d'eau dans une niche placée immédiatement sous le trottoir.

La substitution de ce siphon à poche d'arrêt aux fosses existantes constitue un grand progrès au point de vue hygiénique.

Par ce qui précède, on comprend que la substitution de notre siphon dilueur aux fosses existantes et aux tinettes constitue déjà un grand progrès au point de vue hygiénique, et que nombre de villes peuvent très rapidement améliorer leur état sanitaire par l'adoption de ce système.

III

ASSAINISSEMENT DES VILLES

Les égouts et les canalisations qui reçoivent les eaux de pluie tombant à la surface du sol, ainsi que les eaux usées par la consommation domestique journalière, doivent être convenablement ventilés ; des regards établis sur les principales intersections et aux courbes doivent faciliter les visites; le nettoyage doit en être fait automatiquement à l'aide de siphons de chasse disposés sur certains points choisis et notamment

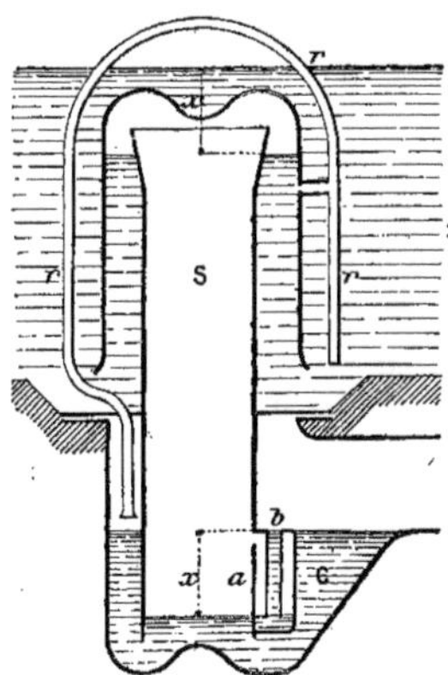

Fig. 111. — Siphon de chasse pour égout, système Geneste, Herscher et Carette.

au point de heurt des pentes. En outre des siphons, il est utile, dans chaque réservoir de chasse, de placer une vanne permettant, en cas de nettoyage à la main, de laisser couler l'eau nécessaire pour le lavage des parois. Nous allons décrire successivement ces divers appareils et en indiquer le fonctionnement.

a. Siphon automatique de chasse d'eau (Système Geneste, Herscher et Carette) pour le lavage des égouts et tuyaux collecteurs, appareils sans mécanisme effectuant des eaux intermittentes à intervalles facultatifs au moyen d'un siphon à amorçage automatique par cataracte instantanée. — L'appareil comprend essentiellement (*fig.* 111) :

1° Un siphon S, avec cuvette de retenue d'eau *c* à la base;

2° Un dispositif d'amorçage *a*, ou détendeur ;

3° Un tube régulateur *r*.

Le dispositif de détente *a* est formé d'un récipient muni d'un plongeur *b* ; ce récipient, greffé extérieurement sur la branche S du siphon, avec laquelle il communique par un petit orifice, est constamment immergé dans le liquide obturateur de la cuvette c.

Le tube régulateur *r* est le complément du dispositif de détente ; c'est grâce à lui que la compression de l'air du siphon atteint sa valeur limite, lorsque le réservoir de chasse se trouve rempli au niveau voulu.

La surface du liquide, à la partie inférieure du siphon, finit par atteindre, dans son mouvement d'abaissement, le niveau inférieur du tube plongeur *b* ; à ce moment, l'air comprimé du siphon pénètre dans ce tube et s'échappe brusquement dans l'atmosphère, en chassant la colonne d'eau, dont la hauteur sert précisément à limiter le maximum de la compression.

Par suite de cette détente de l'air comprimé, l'équilibre des pressions se trouve rompu et la pression atmosphérique se rétablit subitement à l'intérieur; le niveau de l'eau dans la cloche du siphon tend donc immédiatement à remonter à la hauteur du liquide dans le réservoir de chasse ; mais, comme le niveau de ce liquide est plus élevé que celui de la cloche, il en résulte que l'eau déborde à flots dans la longue branche du siphon et forme une véritable cataracte, en entraînant l'air contenu dans cette branche : l'amorçage se trouve ainsi déterminé d'une manière instantanée.

Pendant l'écoulement, l'air extérieur ne peut pas rentrer dans le siphon ; c'est le tube régulateur *r* qui permet à la pression atmosphérique de se rétablir dans ce siphon; aussi convient-il de donner à ce tube un diamètre assez grand pour que la pression se rétablisse très rapidement ; de plus, on fait disparaître ainsi les chances d'engorgement.

Le tube régulateur a encore pour effet de maintenir très sensiblement constant le volume d'air emprisonné dans le siphon, lorsqu'il y a inondation à l'aval ; l'appareil n'est donc jamais déréglé et le fonctionnement naturel des chasses reprend de lui-même dès que l'inondation a disparu.

Dans la figure 111, le réservoir est supposé en maçonnerie ; c'est ainsi que se font les réservoirs des grands appareils utilisés pour le lavage des égouts ou des grandes conduites.

Les qualités principales du système sont les suivantes :

1° Amorçage sûr et instantané, même avec une alimentation goutte à goutte ;

2° Ecoulement franc, plein et rapide dès le début et jusqu'à la fin de la chasse ;

3° Organes solides et passages à l'abri des obstructions ;

4° Appareil sans aucune pièce mobile ;

5° Pose facile, sans précautions spéciales ;

6° Ecoulement sans aucune rentrée d'air pendant toute la durée de la chasse ;

7° Désamorçage brusque et rétablissement immédiat de la pression atmosphérique dans le siphon après la chasse ;

8° Appareil non déréglé par les inondations et fonctionnant sans chance de dérangement, même avec des conduites noyées ou présentant des inflexions siphoïdes ;

9° Disposition particulière, d'un emploi toujours facultatif, permettant de régler à volonté l'importance des chasses d'eau.

Il est préférable de toujours employer le siphon de chasse avec *Tube barostatique* et *Tube régulateur*.

Le réservoir de chasse doit communiquer avec l'extérieur directement ou indirectement, pour que le rétablissement de la pression atmosphérique puisse se faire rapidement.

Le *Tube barostatique* facilite ce rétablissement ; dans le cas fréquent d'un écoulement susceptible d'occlusion hydraulique accidentelle ou continue, le *Tube barostatique* est de première nécessité.

Lorsque le siphon risque d'être noyé par suite d'inondation, d'orage, de barrage ou autrement, le *Tube régulateur* offre une ressource sûre pour que l'appareil reprenne de lui-même son état normal de fonctionnement après l'écoulement des eaux en excès.

Si l'appareil ne risque jamais d'être noyé, le *Tube régulateur* n'est pas indispensable. Cependant, quelle que soit l'application, ce tube est toujours d'une réelle utilité.

A ce point de vue, l'une des qualités particulièrement appréciable du *Tube régulateur* est celle-ci : l'extrémité *r* limitant l'écoulement automatique et cette partie étant mobile, on dispose ainsi à son gré et très simplement, du meilleur moyen de régler — et même de faire varier à volonté — l'importance du volume d'eau à écouler sans modifier aucunement le siphon.

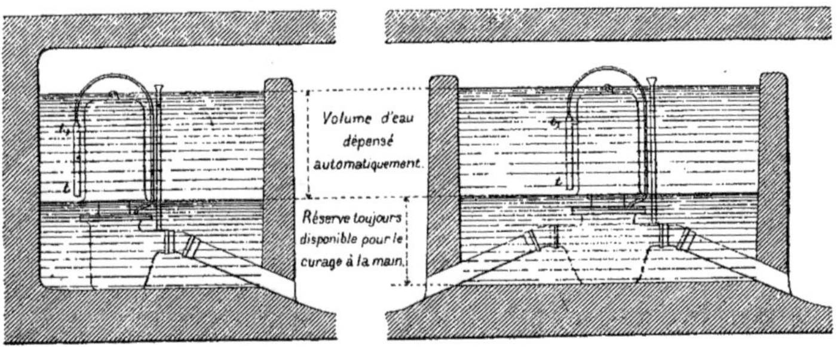

Fig. 112 et 113. — Réservoirs de chasse pourvus d'un siphon automatique avec réserve d'eau disponible pour le lavage à la main.

Déjà, en 1887, M. Durand-Claye, ingénieur en chef des ponts et chaussées, directeur du service de l'assainissement de la Ville de Paris, avait bien voulu nous donner le certificat que nous reproduisons plus loin (*page* 69) :

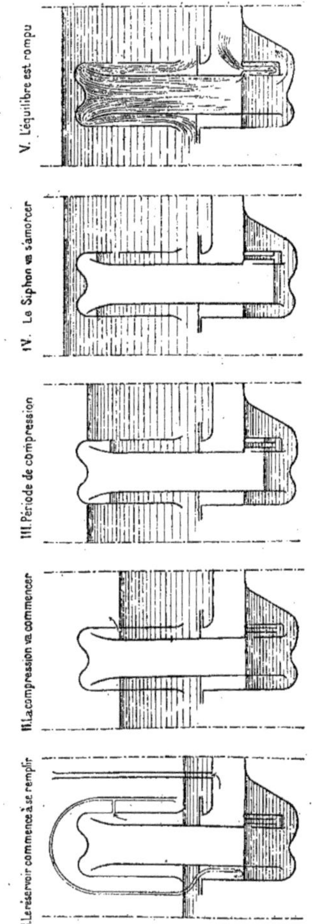

Fig. 114. — Tracé schématique des différentes phases d'amorçage du siphon automatique, système Geneste, Herscher et Carette.

RÉPUBLIQUE FRANÇAISE

LIBERTÉ — ÉGALITÉ — FRATERNITÉ

DIRECTION DES TRAVAUX DE PARIS

Service des Eaux et égouts

3e Division

ASSAINISSEMENT

BUREAU DE L'INGÉNIEUR EN CHEF : 6, AVENUE VICTORIA

N° **113**

Paris, le 31 mai 1887.

« *Messieurs,*

« *Par votre lettre du* 10 *courant, vous voulez bien invoquer mon témoignage, en faveur des appareils de chasse que vous fabriquez et dont vous voulez, avec raison, vulgariser l'emploi dans les grandes villes du Midi de la France. Je suis heureux, Messieurs, de déclarer que vos appareils fonctionnent dans d'excellentes conditions et nous rendent journellement les meilleurs services dans nos égouts et dans nos établissements publics; je verrais avec une grande satisfaction, en tant qu'hygiéniste, les villes du Midi entrer dans la voie que nous suivons à Paris et où vous êtes entrés si résolument avec nous.*

« *Veuillez agréer, Messieurs, l'assurance de ma considération la plus distinguée.*

« A. DURAND-CLAYE. »

Nous avons actuellement 297 siphons de chasses pour égouts installés dans différents points de la ville de Paris. Ces appareils fonctionnent, en outre, dans un grand nombre d'habitations particulières pour le lavage automatique des canalisations souterraines. A Nice, le service de l'assainissement a déjà fait installer 160 de ces appareils dans la partie haute de la ville; un nombre à peu près égal sera installé dans la partie basse.

Nos appareils de chasse pour les égouts ont été adoptés également à Carcassonne, Coursan, Grenoble, Toulouse, Bordeaux, Nancy, Reims, Châlons, Saint-Etienne, Saint-Denis, Chantilly, etc., etc.

Nous en avons aussi fourni un certain nombre en Espagne, en Grèce, en Roumanie.

b. VANNES POUR LE CURAGE DES ÉGOUTS A LA MAIN. — En outre du lavage des égouts au moyen des chasses automatiques, le service de l'assainissement de la Ville de Paris fait nettoyer les parois des égouts, de manière à les débarrasser de tous les dépôts ou ordures qui ont pu s'y attacher, soit au moment des crues, soit pour toute autre cause. Ce lavage des murs se fait à la main, il est donc nécessaire d'avoir un petit courant d'eau propre que l'on ne peut obtenir qu'au moyen d'une ouverture que l'on règle à volonté. L'appareil que nous construisons et qui est représenté (*fig.* 115 et 116), montre la disposition d'une vanne à main, qui permet au besoin de laisser écouler assez rapidement un certain volume d'eau pouvant produire une faible chasse.

La vanne à main se compose d'un disque en métal tournant autour d'un axe commandé par un levier placé en dehors du réservoir. Le disque s'appuie sur un siège venu de fonte avec une tubulure scellée dans l'épaisseur du mur de tête du réservoir. L'axe vertical est formé d'une tige cylindrique portant une saillie tenant lieu de came, qui vient s'appuyer sur des butées poussées par des ressorts. Suivant la position de la came, elle appuie sur les butées et applique la vanne sur son siège par l'intermédiaire des ressorts, ou bien elle écarte la vanne de son siège en lui faisant faire un quart de révolution.

On voit qu'à l'aide de cet appareil, qui est toujours placé au point le plus bas du réservoir de chasse, on peut régler l'écoulement de manière à avoir un filet d'eau suffisant pour aider au nettoyage des parois, ou bien, l'on peut, en débouchant entièrement l'ouverture si cela est nécessaire, obtenir une faible chasse pour le nettoyge des radiers.

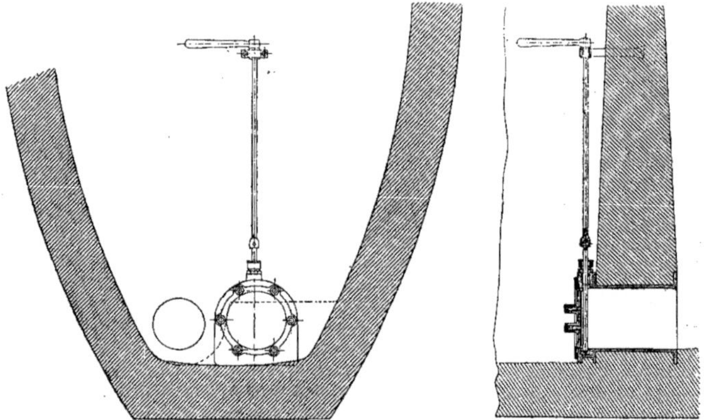

Fig. 115 et 116. — Vanne à main pour le lavage des parois des égouts.

Cet appareil pourrait, au besoin, servir au nettoyage des égouts, mais en outre des fuites qui peuvent se produire par l'interposition de corps étrangers entre le siège et la vanne. Il nécessite toujours, pour son fonctionnement, la présence d'un homme.

c. Regards de visite et trappes en fonte. — Nous avons dit plus haut que dans l'établissement des canalisations d'eaux-vannes, il était de la plus grande importance de ménager aux principales intersections, ainsi qu'aux courbes, des regards de visite, permettant de vérifier l'état de la canalisation. Les figures 122 à 127 indiquent comment ces regards doivent être établis; la conduite maîtresse est placée à un niveau inférieur aux conduites secondaires qui viennent s'y déverser, ce qui permet d'éviter le reflux des eaux. Ces regards sont fermés au niveau du sol par des trappes en fonte, à joints parfaitement hermétiques, auxquelles on peut adapter des grilles de sécurité très utiles dans le cas où les visites de la canalisation ont quelque durée. Nous construisons plusieurs types de trappes en fonte, les unes sont à joints hermétiques pour les canalisations d'eaux-vannes, celles qui sont employées spécialement pour les canalisations d'eaux pluviales sont simplement en fonte.

Les appareils que nous avons établis présentent de tous côtés des saillies suffisamment élevées, pour assurer sur les trottoirs, la plus complète sécurité, tout en conservant les dimensions exigées par les différents services de la voie publique.

Ils peuvent être munis à volonté d'une grille de sécurité qui, à moins d'être atta

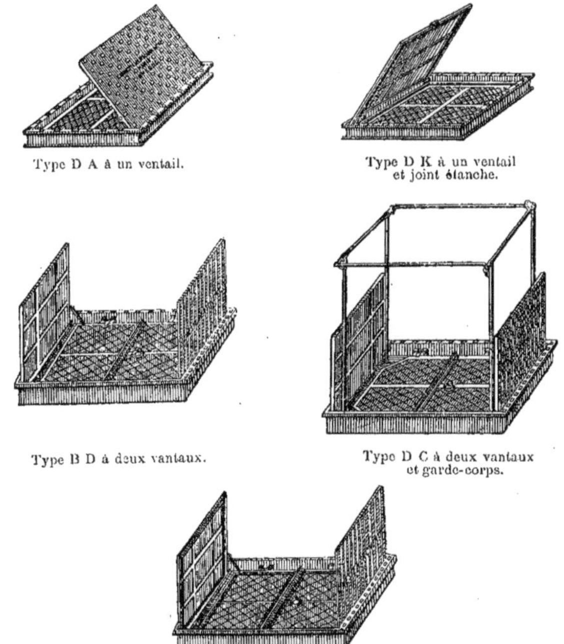

Type D A à un ventail.

Type D K à un ventail et joint étanche.

Type B D à deux vantaux.

Type D C à deux vantaux et garde-corps.

Type B K à deux vantaux et joint étanche.

Fig. 117, 118, 119, 120 et 121. — Trappes pour regards de visite.

chée, ne peut rester soulevée. Le point d'articulation est placé de telle sorte qu'elle retombe toujours dans sa feuillure dès qu'elle est abandonnée à elle-même.

Nous construisons aussi une trappe spéciale à deux vantaux, avec grille de sécurité et garde-corps ; sur les surfaces apparentes sont des saillies très espacées, destinées à retenir le pied et à supprimer les surfaces lisses et glissantes. La porte à deux vantaux a l'avantage de pouvoir être manœuvrée facilement par un seul homme.

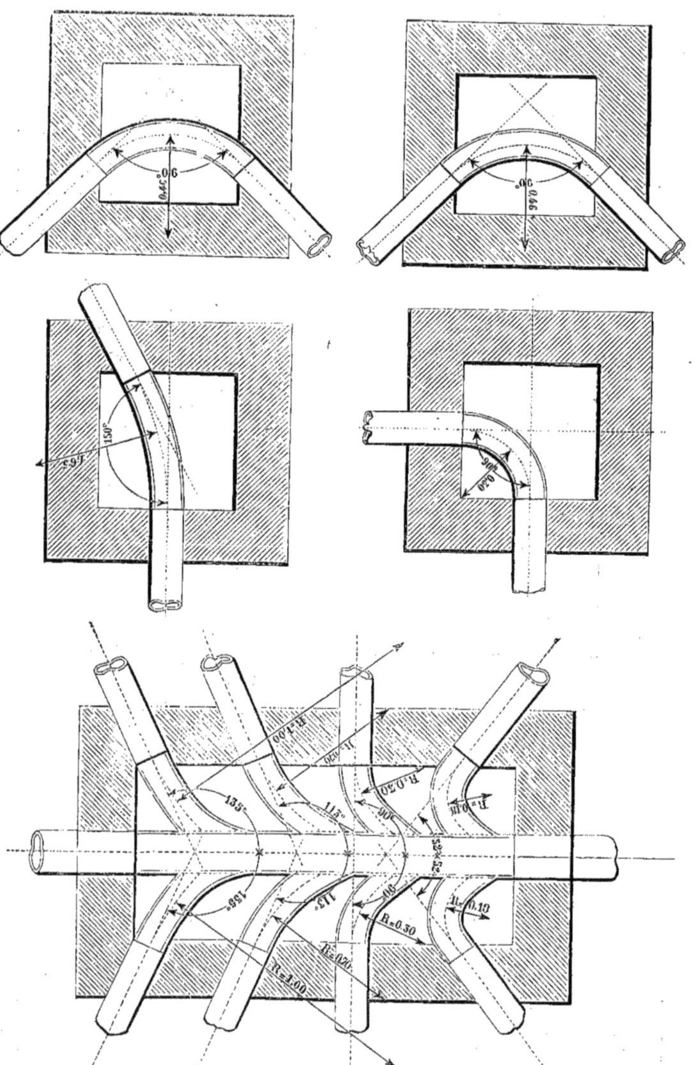

Fig. 122, 123, 124, 125 et 126. — Plan des différentes dispositions d'un regard de visite.

Les deux vantaux étant relevés constituent, sur deux faces, la partie inférieure du garde-corps, la grille de sûreté est alors apparente (*fig.* 120) ainsi que les traverses du garde-corps supérieur.

La grille de sûreté ne peut être ouverte qu'après la mise en place définitive du garde-corps, lequel se compose de montants qui coulissent librement dans des guides ménagés dans les angles. Aux extrémités supérieures de ces montants se fixent des traverses qui se terminent par des crochets d'assemblage.

Fig. 127. — Coupe d'un regard de visite fermé par une trappe du système Geneste et Herscher.

IV

APPAREILS COMPLÉMENTAIRES

Chercheur de fuites. — Avant de mettre en service les canalisations, surtout celles placées à l'intérieur des habitations, il est indispensable de leur faire subir une épreuve pour s'assurer qu'aucune fuite n'existe sur leur parcours.

L'eau peut donner de bons résultats, mais en cas de fuite importante, on risque de noyer partiellement soit les tranchées, soit les appartements. On préfère donc aujourd'hui se servir de fumée lancée dans les canalisations au moyen d'une pompe ou d'un ventilateur.

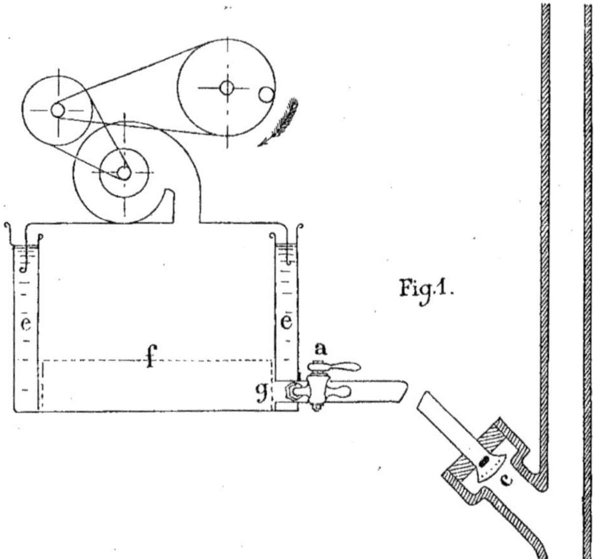

Fig. 128. — Chercheur de fuites pour épreuves des canalisations d'eaux-vannes ou pluviales.

L'appareil que nous avons appelé « chercheur de fuites » (*fig.* 128) permet d'envoyer dans les tuyaux dont tous les orifices sont soigneusement fermés, une fumée épaisse et très pénétrante produite par la combustion de chiffons ou de papiers préparés. L'odeur qui se dégage par les fissures, ne tarde pas à en révéler la présence, on peut donc refaire sans retard les joints défectueux ou remplacer les parties mauvaises.

L'appareil se compose d'une boîte à double enveloppe, en tôle galvanisée, munie d'un couvercle portant un petit ventilateur centrifuge. Une grille en fer est placée dans le fond de l'enveloppe intérieure d'où part un tuyau qui doit être mis en communication avec la canalisation.

Fonctionnement de l'appareil. — 1° Boucher toutes les ouvertures de la canalisation que l'on veut éprouver, excepté l'ouverture la plus élevée;

2° Introduire l'extrémité c du tuyau en caoutchouc qui porte la tête perforée dans le

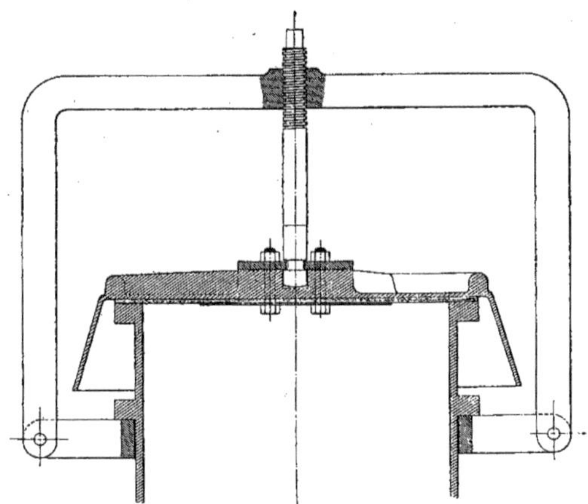

Fig. 129. — Bouche de distribution pour irrigations.

bas de la canalisation et tamponner soigneusement le reste de l'ouverture de manière à n'avoir pas de fuite (*fig.* 128);

3° Ouvrir le petit robinet indicateur *a*;

4° Remplir d'eau l'espace *e*, ménagé entre les deux réservoirs;

5° Mettre la grille *f* en place, de manière à dégager l'ouverture *g*;

6° Mettre sur la grille de la paille humide ou des chiffons allumés;

7° Placer le couvercle portant le ventilateur (le bord du couvercle plongeant dans l'eau empêche la fumée de s'échapper);

8° Tourner le volant dans le sens de la flèche;

9° Fermer le petit robinet indicateur *a* dès que la fumée commence à sortir;

10° Boucher l'ouverture supérieure de la canalisation quand la fumée s'en échappe;

11° S'assurer de temps en temps que la combustion continue en ouvrant le petit robinet indicateur *a*, recharger le foyer quand la fumée n'en sort plus.

Nota. — Le ventilateur doit fonctionner sans cesse pendant toute la durée de l'épreuve.

Avant de déboucher les ouvertures communiquant avec l'intérieur de la maison, il faut déboucher l'ouverture supérieure et chasser toute la fumée contenue dans la canalisation au moyen du ventilateur.

b. Bouches de distribution. — Dans les travaux d'irrigation au moyen de l'eau d'égout, un appareil très simple, appelé bouche de distribution, permet de régler facilement la quantité de liquide qui doit être déversé dans les rigoles.

Cet appareil se compose (*fig.* 129) d'une tubulure en fonte ou en grès qui se raccorde avec la canalisation d'amenée au moyen de tuyaux d'un diamètre à peu près égal à celui de la bouche. Un collier fixé sur cette tubulure permet d'y adapter une arcade en fer, traversée à sa partie supérieure par une vis en cuivre, qui vient s'appuyer sur une valve en fonte garnie intérieurement d'une rondelle en caoutchouc qui forme joint hermétique en s'appuyant sur le collet de la tubulure.

L'appareil est placé au centre d'une petite cuvette en maçonnerie dont le fond est incliné de manière à se vider entièrement par les ouvertures d'écoulement.

FIN

TABLE DES FIGURES

Pages.

TABLE DES MATIÈRES

Paris, — Imprimerie PAUL DUPONT, 4, rue du Bouloi. — 1762,10,89.

www.ingramcontent.com/pod-product-compliance
Ingram Content Group UK Ltd.
Pitfield, Milton Keynes, MK11 3LW, UK
UKHW022130190726
13855UKWH00003B/1089